L'autorité sans cris ni colères

ISBN : 978-2-412-04629-6
Dépôt légal : août 2019 (réédition de *Se faire obéir tout en douceur*, paru en février 2013)
Imprimé en Espagne

Illustrations couverture et intérieur : Nathalie Jomard
Édition : Ségolène Estrangin
Maquette intérieure : Istria
Correction : Laurent Lochereau

Éditions First, un département d'Edi8
12, avenue d'Italie
75013 Paris France
Tél. : 01 44 16 09 00
E-mail : firstinfo@efirst.com
Site internet : www.editionsfirst.fr

L'autorité sans cris ni colères

Poser des cadres bienveillants pour guider votre enfant en douceur

Vanessa Saab

FIRST
ÉDITIONS

Sommaire

À propos de l'auteure

Directrice de la rédaction du magazine *PsychoEnfants*, Vanessa Saab est psychologue de formation, médiatrice familiale, directrice de collections spécialisées en psychologie aux éditions Studyrama, Jouvence et Eyrolles. Auteure de nombreux ouvrages, dont *Le Kit pour une éducation positive*, *SOS questions d'enfants*, *Finie la jalousie entre frères et sœurs !*, aux Éditions First.

Remerciements de l'auteure

Aux nombreux psys que j'ai la chance de rencontrer et qui m'enrichissent de ce qu'ils sont, de ce qu'ils savent, de ce qu'ils veulent transmettre.

À Élisabeth Choquet, Patricia Chalon et Térésa Garcia pour leur très grande bienveillance et l'accompagnement qu'elles m'ont apporté.

À mes trois enfants, Alexis, Clara et Lisa, qui m'ont appris chaque jour comment être mère, comment trouver le bon dosage entre amour et fermeté, comment essayer d'être pour chacun la mère dont il a besoin.

À mon époux, Franck, qui m'a aidée à me remettre en question, qui m'a accompagnée dans mes hésitations, mes erreurs et mes apprentissages et qui m'a appris à regarder l'éducation avec d'autres yeux que ceux de l'enfant que j'ai été.

Introduction

Cris, pleurs, colères ponctuent votre quotidien, entament votre moral et la qualité des moments passés en famille. Vous avez écouté les conseils avisés des uns et des autres, tenté pas mal de choses, mais cette épuisante ritournelle continue à griser vos jours. Vous observez une petite accalmie de temps en temps, pendant les vacances, après une bonne mise au point, mais globalement rien ne change.

Hier, on élevait les enfants dans le souci de leur donner des moyens de subsistance, aujourd'hui on cherche à leur donner les moyens de devenir des individus épanouis. C'est à la fois un nouvel enjeu et un merveilleux piège qui conduit certains parents à penser que, oui, l'amour suffit. Eh bien, non ! L'amour ne suffit pas. L'amour est central, essentiel, crucial, mais il ne suffit pas à donner aux enfants la sécurité et la stabilité dont ils ont besoin !

Si l'amour est l'indispensable terreau, l'autorité est le nécessaire tuteur qui permettra à l'enfant de bien grandir. Or, chacun a un vécu, voire un passif avec l'autorité. Cela va conduire à refuser de poser certaines règles, à en trouver d'autres centrales, de manière viscérale, presque inconsciente, par une reproduction automatique des comportements acquis durant la petite enfance ou au contraire un rejet tout aussi mécanique. Si ce livre passe par le chemin habituel des règles de base, il a également pour vocation d'éclairer d'autres sentiers plus individuels pour dessiner des solutions plus singulières, adaptées aux besoins, à l'histoire et aux failles de chacun.

Ce livre est un voyage. Un voyage au cœur de vous-même, au cœur de votre famille, au cœur de ce qui compte par-dessus tout : votre relation avec vos enfants. Il a pour ambition de vous aider à construire avec eux une relation de qualité, sans cris, sans colères, mais sans l'écueil habituel, celui des recettes générales qui ne prennent pas en compte les particularités de chacun. Ce livre est donc aussi une plongée au cœur de votre « moi ».

Je vous propose, pour commencer, une petite incursion sous forme de test dans ce « moi » qui fait de vous le parent que vous êtes avec ses talents et ses difficultés. Il vous permettra de mieux comprendre la relation qui vous lie à vos enfants, ses forces et ses fragilités, les difficultés que vous rencontrez face à l'autorité, leurs origines et leurs ramifications, les tensions internes qui vous animent comme les dissensions conjugales difficiles à contenir... Vous pourrez grâce à ce bilan avancer dans la lecture de cet ouvrage en étant à l'écoute de vos spécificités. Au gré de vos envies et de vos besoins, vous pourrez vous intéresser aux conseils qui vous concernent comme aux conseils généraux, pour vous construire un quotidien qui transforme les cris en rires, les tensions en solutions et les moments d'épuisement en moments de douceur.

Quiz

Quel(le) autoritaire êtes-vous ?

Voici un test qui va vous permettre de mieux vous situer dans votre manière de poser l'autorité, de mieux identifier vos difficultés, travers ou mécanismes inconscients inhérents à votre histoire !

1. **Votre enfant de 4 ans vous fait une crise au supermarché pour avoir des bonbons.**

   a. Vous lui dites de se calmer : il aura un carré de chocolat à la maison.

   b. Vous refusez de les acheter et l'informez que s'il continue, il en sera privé pendant un mois.

   c. Vous cédez, car vous êtes dans un lieu public ou parce que vous avez envie de lui faire plaisir.

   d. Vous lui expliquez que son comportement n'est pas acceptable et qu'il y a déjà des bonbons à la maison.

2. **C'est la cinquième fois que vous demandez à votre fils de 5 ans de s'habiller.**

   a. Vous lui réexpliquez qu'il est l'heure d'aller à l'école et qu'il faut se dépêcher.

   b. Vous êtes furieux(se) et lui donnez une fessée pour vous faire obéir.

   c. Vous l'aidez à s'habiller pour aller plus vite.

   d. Vous lui dites : « Habille-toi vite, si on est prêt plus tôt on aura un peu de temps pour lire une petite histoire. »

3. C'est l'heure du bain, impossible de le décider à aller dans l'eau.

a. Vous décidez de le motiver par le jeu : « Si tu ne te dépêches pas, je t'attrape et je te mange ! »

b. Vous lui rappelez combien il est important d'être propre et discutez avec lui pour le convaincre.

c. Vous lui rappelez qu'il y a un temps pour le jeu et un temps pour le reste et que vous l'attendez immédiatement dans le bain.

d. Vous n'êtes pas militaire à ce sujet et acceptez que le bain ne soit pris qu'un jour sur deux.

4. Vous punissez...

a. Chaque fois que c'est nécessaire.

b. Rarement, seulement pour lui rappeler les limites importantes.

c. Jamais : vous êtes contre les punitions.

d. Vous parlez, expliquez, tentez de le convaincre par la raison avant d'utiliser la sanction.

5. Dans l'ensemble, vous diriez que vous êtes :

a. Très patient(e).

b. Très exigeant(e).

c. Très attentif(ive) à ses besoins.

d. Cela dépend des jours.

6. Il n'a pas encore fait ses devoirs et vous demande de regarder un peu la télé.

a. Vous acceptez : avant ou après, quelle importance ?

b. Vous lui dites que vous préféreriez qu'il fasse ses devoirs, mais devant son insistance inhabituelle, vous cédez. Toutes les règles ont des exceptions !

c. Vous refusez et l'envoyez illico faire son travail.

d. Vous lui rappelez qu'il pourra allumer la télé une fois son travail terminé.

7. Votre enfant de 3 ans, en colère, vous tape.

a. Vous lui expliquez que ce n'est pas bien, qu'un enfant ne doit pas lever la main sur un parent.

b. Vous n'y prêtez guère attention et ignorez son comportement comme sa colère.

c. Vous lui expliquez que son geste est inacceptable et l'envoyez se calmer dans sa chambre.

d. Furieux(se), vous lui donnez une belle fessée.

8. Votre fille de 5 ans vous répond non durement quand vous lui demandez de ranger sa chambre.

a. Vous l'enfermez dans sa chambre jusqu'à ce qu'elle soit rangée.

b. Vous le faites à sa place : après l'école, les enfants sont fatigués.

c. Vous lui demandez pourquoi et tentez de comprendre son attitude.

d. Vous lui rappelez que quand on dérange quelque chose on doit le ranger, que c'est la règle et qu'elle doit la respecter comme toutes les personnes de la famille.

9. Votre fils de 8 ans vous dit qu'il n'a pas sommeil à l'heure où vous le couchez et trouve infondée votre insistance sur les horaires.

a. Vous lui expliquez qu'à son âge il a encore besoin de dormir de nombreuses heures et ne changez rien à vos consignes.

b. Vous lui rappelez que ce n'est pas lui qui décide et qu'il n'a pas à remettre en cause vos ordres.

c. Vous interrogez votre entourage et vous-même sur l'opportunité d'être si strict.

d. Vous entendez sa demande et l'autorisez à se coucher plus tard : après tout, il a grandi.

10. Pour vous, les interdits...

a. Brident la créativité et la personnalité.

b. Doivent avant tout être expliqués.

c. Aident à grandir de façon équilibrée.

d. Visent à obtenir le comportement souhaité.

Résultats

	1	2	3	4	5	6	7	8	9	10
A	●	★	●	■	★	▲	▲	■	●	▲
B	■	■	★	●	■	★	★	▲	■	★
C	▲	▲	■	▲	▲	■	●	★	★	●
D	★	●	▲	★	●	●	■	●	▲	■

Vous avez une majorité de ■

Vous appliquez le style patriarcal

Exiger et sanctionner. Vous êtes assez autoritaire et exigez que votre enfant obéisse aux consignes qui lui sont données dans toutes les circonstances. Vous n'acceptez pas d'être esclave de ses désirs et de ses caprices. Vous n'hésitez pas pour cela à le punir voire à lui donner une fessée, vous savez que le laxisme est responsable de bien des difficultés. Dans l'acte 3, nous aborderons tous les types de construction autour de l'autorité et cela pourrait vous aider à y voir plus clair dans les raisons qui vous conduisent à être si strict(e). Car si l'autorité est importante, poser des limites est effectivement essentiel ; attention aux sanctions systématiques ou exagérées, elles peuvent renforcer les oppositions de l'enfant et induire des traits de caractère rigides.

Vous avez une majorité de ▲

Vous appliquez le modèle libéral

Éduquer sans brider. Pas question de soumettre votre enfant aux diktats. Rien de tel pour venir annihiler sa personnalité et sa créativité. Vous êtes de ceux qui pensent qu'il faut « interdire d'interdire » et pensez qu'un enfant s'élève avant tout dans l'amour et la compréhension. Les punitions et les brimades, très peu pour vous. Vous avez envie qu'il soit heureux. Soyez vigilant(e), car les enfants ont besoin de repères pour grandir sereinement, pour savoir ce qui est bien et ce qui est mal. Mais vous le savez et il n'est pas rare que vous vous sentiez débordé(e), alors même que vous avez voulu tout lui donner. Attention, les limites permettent d'avoir des vraies relations de qualité et de mieux vivre les uns avec les autres comme elles permettront à votre enfant de mieux vivre en société. Si l'interdit est vraiment trop compliqué pour vous, optez pour un système de récompense (voir l'acte 5), mais pas sans avoir lu « Les pièges de la punition, page 134 ».

Vous avez une majorité de ★

Vous appliquez l'autorité explicative

Comprendre et expliquer. Vous êtes contre les excès de tout genre, autoritarisme comme laxisme. Vous vous situez entre les deux et pour cela vous avez pour exigence première d'expliquer, toujours et tout. Pour vous, votre enfant va parvenir à prendre la bonne décision par la raison. En comprenant, il va finir par écouter. Attention à ne pas tomber dans l'excès d'explications sans poser de bornes. Expliquer : oui, quand c'est nécessaire. Négocier : bien sûr, quand c'est utile. Mais ne pas hésiter à poser des limites quand les circonstances le requièrent. Sinon, il peut vous arriver de vous sentir perdu(e), sans ressources face à une opposition qui perdure ou vous échappe. Vous pouvez tenter un système de récompense ou bien la communication non violente (voir l'acte 4 et l'acte 5).

Vous avez une majorité de ●

Vous appliquez la discipline positive

Communiquer et interdire. Vous savez que l'autorité est plus efficace quand l'enfant reçoit à la fois de l'amour et des limites. Vous accordez une grande importance aux explications données à l'enfant et à la compréhension des règles qui l'entourent. Les limites essentielles une fois posées et explicitées doivent être respectées par l'enfant. Pour cela, vous n'hésitez pas à interdire ou exiger. Vous posez peu de limites, mais leur fermeté permet que votre enfant parvienne par la réflexion et la stabilité des repères à une certaine autodiscipline. Si vous rencontrez des périodes perturbées, refaites le point avec votre conjoint (voir l'acte 4) ou bien passez quelques moments en solo avec chacun de vos enfants.

Vous avez un profil mixte, sans véritable majorité

Vous appliquez l'éducation souple

Lâcher et sévir. Parfois vous n'avez aucune envie de poser les cadres, pas la force de lui dire non, ni l'envie d'ailleurs. Pour vous, l'éducation est un équilibre à trouver entre lâcher et sévir. Cela dépend des circonstances, de votre humeur, de l'attitude de votre enfant. Il vous arrive d'être strict(e), parfois trop, d'être souple, parfois exagérément. Vous avez du mal à trouver vos marques et du mal à poser les règles avec régularité. Vous avez l'impression de lire tout et son contraire, et vous et votre conjoint avez du mal à accorder vos violons (voir l'acte 4). Bref vous n'êtes pas sûr(e) de vous et de votre manière de poser les cadres. Les raisons peuvent être multiples ; à vous de voir dans les scènes suivantes celles qui vous empêchent réellement de poser l'autorité de manière plus régulière.

Vous trouverez dans ce livre des réponses personnalisées grâce à :

- Des tests permettant de mieux saisir les difficultés.
- Des pistes de réflexion pour mieux comprendre les enjeux.
- Des zooms « psy » plus pointus pour aller au fond des choses.
- Des témoignages pour vous permettre de voir que beaucoup d'autres personnes vivent les mêmes choses et que les solutions existent.
- Des conseils pratiques pour poser l'autorité en fonction de votre personnalité.

> Les parents ne peuvent donner
> que deux choses à leurs enfants :
> des racines et des ailes.

Acte 1

Amour, cadre, dialogue : le bon dosage

Vous l'avez voulu, ce petit bout, et maintenant qu'il est là vous sentez bien combien il est important pour vous de lui donner le meilleur de vous-même. Qu'il soit arrivé très vite ou que vous l'ayez longuement attendu, vous n'avez qu'une envie : le couvrir d'amour, d'attention, de douceur. Vous souhaitez lui donner tout ce dont il a besoin pour que sa future vie d'adulte soit épanouie et harmonieuse. Un seul mot d'ordre, une seule exigence, qui vous semble première et absolue : lui donner un amour inconditionnel !

L'amour pour terreau

« Il vient de naître et il est déjà tout pour moi, l'amour que je lui porte est immense, je me sens comblée. J'ai tellement envie de lui donner tout ce que je n'ai pas reçu et plus encore. Je rêve d'être pour lui la mère parfaite, celle qui saura lui apporter tout ce dont il a besoin, sans même qu'il ait à le demander. J'espère éviter les erreurs dont j'ai souffert et ne lui donner que le meilleur. »

Sabine (35 ans), mère d'Antoine (1 mois)

La construction de l'attachement sécure

Les premiers échanges parents-enfant sont essentiels pour construire des bases relationnelles confiantes et sécurisantes : c'est la théorie de l'attachement sécure définie par le psychiatre anglais John Bowlby. Selon cette théorie, un enfant a besoin qu'au moins une personne prenne soin de lui de manière continue et adaptée afin de bien se développer. La qualité de l'attachement est essentielle pour poser par la suite une autorité juste. L'enfant qui se sent aimé, respecté dans ses besoins, comprendra les cadres et les limites comme l'une des manifestations de l'amour parental. L'attachement sécure se construit très tôt, bien avant la naissance même.

La préoccupation maternelle primaire

À partir du quatrième mois de grossesse, alors que le ventre de la maman commence à s'arrondir et que la grossesse devient visible aux yeux de tous, débute ce que le pédiatre, psychiatre et psychanalyste anglais Donald Winnicott nomme la « préoccupation maternelle primaire ». C'est en 1956, dans son livre *Le Bébé et sa mère*, qu'il évoque la première fois ce concept. Il s'agit d'un état de fusion très particulier entre la mère et le nourrisson. La « préoccupation maternelle primaire » est l'aptitude de la mère à être à l'écoute, dévouée aux besoins de son futur nouveau-né. Elle adapte sa vie, son rythme et son quotidien à son enfant. Chacune de ses pensées se tourne naturellement vers lui.

Cet état de fusion, nécessaire à la survie de l'enfant et à son équilibre à venir, serait à son apogée au moment de l'accouchement. Pour Donald Winnicott, dès que le bébé arrive au monde et devient réel aux yeux de sa mère, celle-ci entre dans un état d'hypersensibilité envers lui. Elle lui fournit alors les conditions nécessaires à son bien-être : une attention, une reconnaissance, une sécurité affective alimentée par les câlins, les corps-à-corps et les mots tendres. Cette période d'osmose totale, parfois démesurée, Winnicott la qualifie également de « folie maternelle ». La maman et l'enfant, selon lui, se replient sur eux-mêmes dans un état de quasi-exclusivité. Cette maman aux petits soins va permettre à l'enfant de se sentir en sécurité dans le monde qui l'accueille. Il va grandir peu à peu dans un climat de confiance envers son environnement et envers les cadres de vie qui vont l'entourer.

Et le père dans tout ça ?

Certains pères se sentent délaissés, écartés par le duo mère-enfant. Si le rôle du père est d'abord de préserver la mère et l'enfant de ce qui pourrait s'immiscer entre eux, passé trois ou quatre mois, à mesure que les capacités de l'enfant se développent, le père joue le rôle central de tiers séparateur. Il va ouvrir progressivement à une relation triangulaire. Cette ouverture passe forcément par des petits éloignements. La mère doit pouvoir de temps en temps se séparer de son enfant et le confier au père, à un parent, à un tiers, pour une durée et avec une distance qui va progressivement s'allonger. Si cette mise à distance progressive est parfois difficile, explique Winnicott, elle représente une étape nécessaire pour tous.

La mère suffisamment bonne

Beaucoup de jeunes mamans rêvent d'être la mère parfaite, elles y mettent toute leur énergie, allant même jusqu'à devancer les désirs de leur petit. Or, la mère parfaite n'existe pas. Il y a juste des mères avec leur amour, avec leur attention, avec leur douceur et avec leurs imperfections. Donald Winnicott, quand il parlait de la « mère suffisamment bonne », évoquait le parent, le référent, le terme « mère » est donc employé ici de manière générique, comme le rôle maternant qui peut être effectué par toute personne ayant la responsabilité de l'enfant. Celle qui est capable de donner un environnement stable, ferme et aimant à son enfant mais qui, dans le même temps, sait aussi se réapproprier sa vie pour son bonheur et pour celui de son conjoint. C'est celle qui sait se maintenir à la juste distance, celle qui est capable de donner un maximum à son petit tout en pensant à elle, c'est celle qui accepte qu'elle n'est pas parfaite et ne le sera jamais !

Pour Donald Winnicott, c'est dans cette imperfection maternelle ou parentale qu'un enfant apprend à se construire : dans l'amour et la bienveillance, mais aussi dans les erreurs et les prises de distance.

Les espaces transitionnels

C'est grâce aux erreurs et à la distanciation progressive que l'enfant apprend à vivre dans le réel. Au début de sa vie, l'enfant ne fait qu'un avec sa mère, il vit à travers celle qui répond à chacune de ses demandes, à chacun de ses besoins.

Alors que la mère apprend, peu à peu, à se réapproprier sa vie d'amante et de femme, l'enfant se confronte au réel et aux frustrations que cela peut engendrer. Une confrontation qui, selon Winnicott, s'établit naturellement, de manière progressive. « Avant de se frotter pleinement à la réalité, de l'accepter telle quelle, continue le pédiatre, l'enfant va d'abord concevoir des espaces de transition (à partir de 6 ou 7 mois), entre réalité et imaginaire... »

Par « espace transitionnel », Winnicott entend « objets de transition » : doudous, tétines, morceaux de tissu imprégnés de l'odeur de maman... Leur odeur et leur texture rappellent les relations lors des premiers soins avec la mère. L'objet transitionnel repose dans une aire intermédiaire entre la mère et son bébé. Il représente une façon de prolonger le lien avec elle. Voilà pourquoi il requiert une importance capitale aux yeux de l'enfant. Il est l'espace de sécurité quand papa et maman sont amenés à s'éloigner.

Les cinq types d'engagements qui sécurisent

Pour favoriser un lien sécure avec son enfant et guider ce dernier vers l'affirmation de lui-même, les psys conseillent généralement aux parents d'adopter cinq types d'engagements différents :

- L'engagement **physique** : « Je sais répondre à tes besoins physiques, je te câline, je te nourris, je te protège. »
- L'engagement **éducatif** : « Je t'aide à devenir autonome pas à pas. Pour cela, je t'accompagne de manière adaptée et t'accorde de plus en plus de liberté en respectant ton rythme et tes besoins. »
- L'engagement **relationnel** : « Je prends le temps de t'écouter, de parler avec toi et de t'expliquer ce que tu ne comprends pas. »
- L'engagement **de sécurité** : « J'œuvre pour ton épanouissement et le développement de ta personnalité en respectant tes choix, mais en sachant te guider quand cela est nécessaire. »
- L'engagement **affectif** : « Je t'aime quoi qu'il arrive. Mais je ne peux pour autant pas accepter tous tes comportements. »

Les trois attachements insécures

Quand l'interaction parents-enfant fonctionne mal, quand elle est gangrenée par la méfiance, la défiance, le manque de confiance, l'absence de câlins et de corps-à-corps, la sécurité affective se transforme en attachement insécure. En 1978, la psychologue canadienne Mary Salter Ainsworth recense trois sortes d'attachement : anxieux, évitant et désorienté.

L'attachement anxieux

Un enfant qui présente un attachement anxieux se montre bouleversé dès qu'il se sépare de son père ou sa mère. Il est alors très difficile de le calmer. Cette attitude est due à une bienveillance irrégulière de la part de ceux-ci, tantôt étouffants, tantôt absents. Cette ambivalence affective déstabilise l'enfant. Il en découle une perte de repères et un sentiment d'anxiété latent, l'enfant n'étant pas en mesure de prévoir l'attitude parentale.

Le meilleur moyen de stabiliser le lien consiste à être plus constant dans la disponibilité et dans la sensibilité, à être moins fluctuant dans la présence affective comme dans les cadres posés. L'enfant doit ressentir une cohérence globale, une adéquation entre ce qui est dit et ce qui est fait comme une constance de la bienveillance.

L'attachement évitant

Un enfant souffre d'attachement évitant dès lors qu'il ne semble pas avoir développé de base de sécurité. Quand il se sépare de sa mère ou son père, il semble détaché. Il évite tout contact et ne se mêle jamais aux autres enfants. Quand son parent revient, il adopte encore cette attitude de repli, de retranchement intérieur. Il pense ne pas pouvoir compter sur ses parents et refuse donc d'exprimer ses émotions ouvertement. Cet attachement évitant prend forme lorsque le parent est agressif ou distant, ou lorsqu'il entretient des relations brèves et superficielles avec son enfant.

Pour redonner confiance à l'enfant, les parents doivent (ré) apprendre à vivre avec lui une nouvelle relation fondée sur l'authenticité (je t'aime comme tu es), la reconnaissance (je te respecte en tant qu'individu) et l'écoute inconditionnelle (j'entends chacun de tes besoins). Cette adaptation parentale peut parfois passer par un travail personnel, le parent ayant lui-même vécu un attachement insécure.

L'attachement désorienté

L'enfant victime d'attachement désorienté alterne entre les deux types d'attachement précédents : évitant et anxieux. Il ne démontre aucune attitude cohérente envers son parent. Parfois, il le rejette violemment. À d'autres moments, il s'efforce de lui faire plaisir. Ce qui déstabilise l'enfant avant tout, c'est le comportement imprévisible de son parent.

Pour éviter cette situation, il faut bien sûr garder à l'esprit que la constance est indispensable à l'équilibre affectif de l'enfant. Pour s'ajuster sur le plan émotionnel et comportemental, celui-ci a besoin de sécurité et de régularité dans le cadre éducatif qu'on lui propose. Donc, pas question de passer des cris aux rires en un clin d'œil. Encore moins d'être reconnaissant à un moment donné puis d'ignorer totalement l'enfant l'instant suivant. Son équilibre dépend avant tout du vôtre. Vos souffrances sont les siennes. Votre amour le nourrit et votre reconnaissance représente son seul moyen de s'épanouir envers et contre tout.

Les trois ennemis de l'attachement sécure

- Les **réactions imprévisibles**. Un parent qui laisse sans cesse libre cours à des émotions débridées – emportements excessifs, ignorance, railleries blessantes – risque de saper les repères de son enfant. Perdu, celui-ci finira par ne plus rien exprimer de lui-même. Parfois il s'inventera un monde imaginaire, persuadé de n'intéresser personne.
- La **culpabilisation**. À force de répéter à son enfant « Tu es ma seule joie de vivre », « Quand tu n'es pas là je suis triste », vous semez en lui les graines de la culpabilisation. Votre enfant se sentira responsable de vos émotions et s'interdira de ressentir ou d'exprimer les siennes.
- L'**ignorance**. Il est capital d'être en permanence sensible aux réactions de son enfant. « Comment vas-tu ? », « Sais-tu que je suis toujours là pour t'écouter ? ». En négligeant son ressenti, vous l'empêcherez de créer un rapport de confiance et de fiabilité avec vous.

L'autorité pour tuteur

« Je sais qu'il faut dire non à un enfant, que c'est bon pour lui. Je suis convaincue en théorie au moins par l'idée qu'il est important d'apprendre à mon fils le respect de l'autre, mais j'ai surtout envie de le laisser libre de devenir qui il est. J'ai du mal en pratique, parce qu'il est trop petit, trop mignon, que ce n'est pas bien grave, qu'il a le temps de se heurter à la vie et ses vicissitudes, parce que c'est au père de poser l'autorité, parce que j'ai surtout envie de le bichonner, parce que je ne sais pas comment faire exactement, parce que je n'ai pas envie de remplir ce rôle-là... pour mille raisons qui font que, pour moi, l'autorité est au final plutôt difficile à poser. »

Hélène (32 ans), mère d'Antoine (18 mois)

Est-il interdit d'interdire ?

Très écoutée, Dolto a souvent été mal comprise. C'est ce qu'explique la pédiatre Edwige Antier dans son livre *Dolto en héritage*. Un peu après Mai 68, Françoise Dolto présente le bébé comme une personne et le slogan « Il est interdit d'interdire ! » est encore très présent. Ces deux messages se sont mélangés et les parents ont cru qu'interdire était néfaste à la personnalité de leur enfant. Pourtant, la psychanalyste a été claire. Écouter et comprendre l'enfant est une bonne chose, tout lui permettre est néfaste. Elle disait : « L'autorité. Quand il y en a trop, ce n'est pas supportable. Quand il n'y en a pas assez, on se sent un peu abandonné, comme si on ne s'intéressait pas vraiment à nous. » Pour le psychologue clinicien Didier Pleux, dans *De l'enfant roi à l'enfant tyran* : « L'autorité a été mise à mal par certaines hypothèses psychanalytiques selon lesquelles répondre aux colères de l'enfant par des mesures de rétorsion ou punitions créerait des problèmes psychologiques. Or, il est essentiel pour l'équilibre de l'enfant de poser des limites fermes. Lui apprendre à accepter les frustrations. L'aider à passer du principe de plaisir à celui de réalité. »

Je n'aime pas lui dire non !

Un enfant à qui vous dites d'abord non puis à qui vous finissez systématiquement par dire oui se sent perdu... Être bientraitant, c'est lui fixer des règles et surtout les tenir : rien de plus angoissant pour un enfant que de ne pas rencontrer de limites. Une certaine sévérité peut être hautement bientraitante ! Intégrer le « non » prend du temps, nécessite des explications et de la persévérance malgré les caprices. L'enfant qui ne rencontre pas cette fermeté saura qu'il n'a qu'à insister un peu pour obtenir ce qu'il souhaite. L'autorité parentale, souvent dénigrée voire taboue, est un des éléments clés d'une éducation bientraitante.

Accepter le principe de réalité

Dès sa naissance, l'enfant est confronté à l'autre, à sa mère, à son père. Il est en interaction, déjà soumis à deux principes essentiels : le plaisir – il tète, il est contre sa mère – et la réalité – il doit attendre pour qu'on le prenne, le nourrisse... Ce sont les fils rouges de son épanouissement. Dès la petite enfance, un équilibre entre ces deux fondements doit se mettre en place afin que les bases de l'épanouissement soient correctement posées. Puis, au fil des ans, le principe de plaisir va se densifier : manger, jouer, être avec papa et maman...

Le bébé, puis l'enfant, va peu à peu apprendre à accepter le principe de réalité : il faut attendre un peu avant le biberon, puis manger aux heures de repas, puis aller se coucher le soir après avoir pris son bain... L'enfant va au fil des mois apprendre à accepter les petites contraintes quotidiennes, la réalité de chaque jour. Il devra faire attention à de petites choses, ne pas jeter ses affaires n'importe où et éventuellement aider un peu, même de manière symbolique lorsqu'il est tout petit. Il va apprendre à mettre la main à la pâte. Agir, faire des choses, c'est comme cela qu'il va se sentir capable, il apprend ainsi à être dans la réalité et le plaisir.

Le nouveau-né est doté d'un appareil mental formé uniquement d'instincts primaires. La satisfaction immédiate de ses besoins, de son plaisir s'explique par les désirs libidinaux selon la psychanalyse, par l'instinct de survie selon la psychologie moderne.

Puis lorsque l'enfant grandit, l'aider à accepter le réel est essentiel pour poser des cadres sécurisants. Pour cela, les mots doivent éclairer la réalité. « Je dois répondre au téléphone, mais je suis à toi dans deux minutes », « Je dois repartir pour une réunion de travail, mais avant on va faire un gros câlin », « Je sais que tu as faim, je suis en train de cuisiner, si tu veux tu peux grignoter une carotte pour patienter ». L'acceptation du réel se fait dans l'attention et la bienveillance, elle permet ainsi de poser les bases d'une future relation qualitative et respectueuse.

Faire émerger le désir

Pour Freud, « le passage du principe de plaisir au principe de réalité constitue un des progrès les plus importants dans le développement du moi ». Toutefois, l'un ne remplace pas l'autre. Le plaisir reste une composante fondamentale du psychisme. L'intégration de la réalité permet à l'individu d'accéder à la raison, de différencier le vrai du faux, le bien du mal, l'utile du dangereux, le besoin du désir... En intégrant le principe de réalité, l'individu se donne les moyens d'accéder au plaisir. Le règne du principe de plaisir empêche l'émergence du désir. Un enfant qui a tout avant d'en avoir envie ne ressent ni désir ni plaisir. La frustration, l'autorité apprennent à l'enfant à trouver les sources de sa satisfaction au sein du monde réel.

Gérer l'autorité en amont

En donnant des choses à faire au tout-petit, dès 2 ans (aider à mettre la table, à cuisiner, à débarrasser...), il a le sentiment d'une promotion, il y prend plaisir et il est félicité. Cela paraît tout simple et sans effet sur l'autorité, mais en fait, c'est bien plus complexe et plus riche qu'il y paraît. Faire les choses avec plaisir va s'inscrire dans le psychisme de l'enfant. Et c'est cumulatif, plus l'enfant est valorisé dans ce qu'il fait, plus il y prend plaisir. C'est le renforcement positif d'un comportement. Cela peut devenir très puissant et permettre de poser l'autorité en amont, en douceur. Beaucoup de parents ont des scrupules à donner des tâches domestiques à leur enfant. Ils ont l'impression que de bons parents doivent tout faire pour leur enfant. Cependant, l'enfant qui agit lui-même va prendre confiance en lui, se sentir plus fort et plus compétent, gagner en assurance et en autonomie.

L'autorité n'a pas de sexe

Mère et affection, père et autorité, cette idée encore entretenue par certains est issue du concept lacanien de « fonction paternelle » : le père doit intervenir dans le corps-à-corps fusionnel mère-enfant et il serait le seul porteur de la loi selon Lacan. La psychanalyse a nourri cette croyance, que ce soit Lacan ou Dolto avec la place qu'ils donnaient au père dans l'éducation de l'enfant : le rôle d'un censeur, celui qui pose les limites, les interdits (dont l'interdit de l'inceste).

Des rôles en mutation

Cette vision correspondait à une réalité culturelle bien différente de celle d'aujourd'hui. Le rôle des pères a changé, ils souhaitent davantage partager, jouer, communiquer, s'occuper de leur enfant. Ce sont des pères qui n'ont pas forcément envie de rentrer à la maison pour poser le cadre. Aujourd'hui, l'idée que les rôles seraient ainsi figés est remise en question. Au contraire, concrètement, c'est la mère qui pose le plus souvent l'autorité. D'une part, elle est la première à confronter le bébé à la frustration : attendre le biberon, les bras, le câlin… D'autre part, c'est encore elle qui passe le plus de temps avec le bébé. Factuellement, la mère apporte tendresse et protection en même temps qu'elle pose les petits « non » quotidiens : il est interdit de lancer des objets à la figure, de se pencher par la fenêtre, de colorier les murs…

L'autorité et l'affection n'ont pas de sexe, ce qui prime finalement, c'est la personnalité de chacun. Les parents se répartissent les rôles selon leurs capacités à poser des limites. Et cette évolution ne nuit pas à la construction identitaire des enfants. L'enjeu pour les jeunes parents est surtout de regarder l'autorité et les interdits autrement.

Une autorité plus constructive

Outre cette réalité familiale et quotidienne, la définition sociale de l'autorité a évolué et on en vient aujourd'hui à une acception plus proche de la lettre. En effet, la racine du mot « autorité » signifie « croître ». Détenir l'autorité, ce n'est pas avoir un pouvoir sur l'autre, mais être chargé de l'aider à grandir… L'autorité visant à ordonner, à sanctionner, à contrôler n'a plus cours depuis la loi de mars 2002, qui instaure l'autorité parentale, définie comme un ensemble de droits et de devoirs conjoints ayant pour finalité l'intérêt de l'enfant ; les parents sont là pour le protéger et assurer son éducation.

Père ou mère, les parents sont là pour aimer et faire croître leur enfant. Si l'amour est le terreau, l'autorité est le tuteur qui permet aux enfants de bien grandir. L'essentiel est que le cadre soit posé, par le père comme par la mère, étant entendu que l'idéal est que les parents soient d'accord sur les règles à respecter quelle que soit la personne qui les fait le plus souvent respecter.

Si les pères d'aujourd'hui ont découvert le bonheur d'être en contact, en interaction avec leur enfant et qu'ils ont établi un autre type de relation avec leur petit, il n'est pas rare que le père soit naturellement crédité de plus d'autorité par l'enfant. Ne serait-ce que parce qu'il parle avec une voix plus grave et souvent plus ferme. Si maman a un ton de voix trop doux, il est fort probable qu'elle aura à s'y reprendre à plusieurs reprises avant d'être entendue. Dans l'autorité, les deux parents ont un rôle à jouer. L'enfant a besoin de ces deux types de relation pour se construire, pour grandir et faire son chemin à son tour.

L'autorité n'inhibe pas la créativité

Si les jeunes enfants peuvent sembler créatifs quand ils peignent sur les murs ou la table, en réalité, ils expérimentent les limites. Ils cherchent à savoir ce qui est permis et ce qui ne l'est pas sans pour autant être créatifs. Ce n'est qu'à partir de la moyenne section, quand l'enfant parvient à respecter certaines contraintes, que l'on peut commencer à mesurer sa créativité. Or, une idée reçue fréquente et erronée est que l'autorité inhiberait la créativité. Raison pour laquelle certains parents soucieux de l'épanouissement plein et entier de leur enfant auraient tant de mal à y avoir recours.

Des profils familiaux

Selon Todd Lubart, docteur en psychologie de l'université Yale, professeur de psychologie à l'université René-Descartes, auteur de *Psychologie de la créativité* (éditions Armand Colin) : « Une étude a été menée sur le lien entre créativité et autorité dans des établissements scolaires. Trois profils de familles se sont dégagés. Les structures familiales strictes, souples et aléatoires. Les premières ont des règles très strictes, "On peut regarder la télé entre 19 et 20 heures un point c'est tout". Les deuxièmes ont des règles qui peuvent être modifiées, "On regarde la télé entre 19 et 20 heures, mais il y a des possibilités d'exception". Les dernières, dites "aléatoires", n'ont pas de règles, "On peut regarder la télé quand on veut". La créativité se développe mal dans les structures familiales rigides ou aléatoires. »

Un contexte difficile

Les activités créatives sont celles qui laissent une liberté autour d'une contrainte et celles qui demandent une production élaborée : donner un thème, un titre pour un dessin, trouver des composantes à placer dans une histoire… d'où l'importance du cadre. Un enfant qui a grandi sans cadre aura du mal à se tenir à la contrainte, à aller au bout de l'exercice, bref à exprimer pleinement sa créativité.

De plus, le contexte scolaire classique n'est pas orienté vers la valorisation de la créativité. Une idée créative est potentiellement une perturbation, ce n'est pas l'expression de la pensée souhaitable. On attend de l'enfant qu'il donne la bonne réponse, celle qu'il a apprise. C'est cette réponse qui est valorisée et va engendrer de façon implicite l'assimilation par l'enfant d'un mode de fonctionnement.

Un cadre propice

La créativité étant une production originale, elle doit répondre aux exigences d'un contexte. Or, un cadre trop strict empêche l'expression d'idées sortant des sentiers battus. Le fait de sortir du cadre n'y est pas autorisé et pas valorisé. Un cadre trop libéral, lui, ne donne pas la rigueur essentielle pour que l'idée soit suffisamment construite ou colle à un contexte. Au-delà du « trop de limites » ou du « trop peu de limites », ce qui va influer sur la créativité, c'est un manque de valorisation de la créativité ou bien une trop grande peur de l'échec. Ce qui doit être encouragé, ce sont les tentatives, les efforts, les essais et pas simplement les réussites.

Quelles activités développent la créativité ?

On peut proposer à l'enfant des activités qui stimulent son inventivité plutôt que de lui proposer des activités passives comme la télé, les jeux vidéo ou même des activités éducatives qui demandent une bonne réponse. Certaines activités peuvent sembler actives alors qu'elles sont extrêmement cadrées et donc non créatives : lorsque l'enfant doit colorier des cases dans des couleurs prédéfinies, faire un dessin en suivant des chiffres... Les activités créatives sont celles qui ne demandent pas une bonne réponse et permettent l'expression d'une certaine liberté de la part de l'enfant : le dessin, la peinture, les jeux de construction, les interactions de personnages... Les jeux libres qui n'imposent aucune règle favorisent l'imagination, la créativité et la découverte des goûts particuliers de chaque enfant.

La créativité n'est pas innée, il s'agit d'une habileté intellectuelle que vont favoriser les expériences, l'environnement familial, scolaire et culturel. L'endroit où l'enfant vit agit sur son potentiel créatif. La créativité fait donc partie des enseignements qui passent principalement par un cadre familial approprié. C'est donc aux parents de permettre un bon dosage des cadres : ni trop ni trop peu.

Quels traits de personnalité favorisent la créativité ?

La capacité à prendre des risques, à accepter l'effort et les cadres (les obstacles ne doivent pas empêcher de continuer), le non-conformisme, l'ouverture d'esprit. Et enfin la motivation intérieure, une motivation qui ne soit pas imposée par l'extérieur. L'enfant qui fait une tâche, une activité domestique, un dessin parce qu'on lui dit « En échange tu auras des bonbons ou de l'argent » agira sur la motivation extérieure, qui est moins créative et moins forte que la motivation intérieure. Cette dernière est la volonté de l'enfant de montrer ses compétences, ses talents, son ingéniosité... Elle passe par la reconnaissance parentale, la valorisation et les félicitations.

Poser les cadres de base

« Mes jumeaux me font tourner en bourrique, je ne sais plus où donner de la tête, ce qui est important et ce qui l'est moins. Parfois j'interdis une chose, parfois je l'autorise en fonction de mon état de fatigue ou de mon humeur. Pour certaines choses, je n'ai aucun mal à me faire écouter et pour d'autres, c'est beaucoup plus difficile. J'ai peur de mal faire, de les faire souffrir, d'être trop stricte. »

Angélique (29 ans), mère de Léa et Quentin (2 ans)

Beaucoup de parents se sentent aujourd'hui perdus. Les codes de l'autorité ont changé et leur crainte d'être défaillants est de plus en plus palpable. Ajoutons à cela que dans de plus en plus de familles, les deux membres du couple travaillent. Désormais, quand on rentre le soir à la maison, ce n'est donc plus pour se fâcher. On cherche à établir des rapports légers, agréables, dépouillés de tout conflit. Les rivalités, les oppositions sont à bannir. La séduction prend alors le pas sur l'autorité, et au lieu de dire à son enfant « Obéis-moi ! », on lui demande « S'il te plaît, fais-moi plaisir ». Seulement, l'éducation sans oppositions n'existe pas.

Nos enfants sont aujourd'hui au centre de notre société. Il y a une espèce de séduction envers eux... une séduction commerciale notamment, qui joue d'une façon parfois inouïe sur la culpabilité parentale. Le message insidieux qui passe est que faire le bonheur de l'enfant, c'est lui faire plaisir, le gâter, satisfaire son plaisir immédiat au détriment de ses désirs à venir. Les parents ont parfois le sentiment d'être de mauvais parents s'ils ne donnent pas à leur enfant tout ce qu'il demande...

Conclusion : beaucoup de pères, de mères perdent confiance en eux et ne savent plus comment faire acte d'autorité efficacement. Deux questions principales surviennent : à partir de quel âge poser l'autorité, comment se manifeste-t-elle ? et de quelle manière y réagir ?

Les trois cadres nécessaires

Dès que l'enfant s'éloigne de ses parents, dès qu'il commence à se déplacer à quatre pattes, il court de vrais risques. Très tôt, il est donc capital de lui fixer des limites de sécurité – interdit de toucher les prises électriques, de boire le parfum de maman. Bien sûr, à cet âge, rien n'est évident et ces règles doivent être répétées plusieurs fois par jour. Ce n'est que vers l'âge de 18 mois-2 ans, quand commence la fameuse période du « non », lorsque l'enfant cherche à s'imposer, que ses parents doivent user de fermeté et de patience pour se faire entendre et comprendre.

Le cadre de sécurité

À travers ces premiers « non » qui le sécuriseront, l'enfant comprendra les premières règles de sécurité, les plus importantes, celles qui sont intangibles, sur lesquelles on ne peut faire l'impasse. Bien sûr, à cet âge, rien n'est évident et il est important d'avoir à l'esprit qu'éduquer c'est répéter. Rien d'anormal là-dedans lorsque l'enfant est petit. Avant 2 ans, l'enfant a envie d'expérimenter sa motricité dans l'espace et sa liberté à fouiller, toucher, grimper... Les bêtises qui interviennent alors sont plus de l'ordre de la découverte de l'environnement, des textures et de la gravité que de l'opposition.

Toutefois, ses explorations donneront lieu à la pose de cadres ayant pour fonction première d'assurer la sécurité et le confort. D'abord pour lui, « Non tu ne t'approches pas du four ! ». Ensuite pour vous ou ses frères et sœurs, « Non, tu ne me jetteras pas cette cuillère de purée brûlante sur le visage ! », « Tu ne mords pas ton frère »... Enfin, pour les objets, « Non tu ne jettes pas le verre d'eau par terre », « Tu ne joues pas à courir dans la maison avec le balai ! » (voir « Des mots aux explications », p. 41).

Le cadre du respect

Les règles liées au respect apparaissent vers 18 mois. L'enfant entre, alors, dans une période où il commence à assumer ses propres désirs, sa propre identité. Il va chercher à se distinguer en se différenciant de l'autre. Il va donc entrer en conflit, ce qui conduit à des comportements irrespectueux envers autrui. Par exemple, il tapera pour exprimer sa désapprobation, refusera de venir quand vous l'appellerez, repoussera l'assiette que vous lui avez présentée… Derrière ses oppositions, l'enfant exprime le désir de s'individualiser, d'exister en tant qu'être indépendant de vous… car, bien entendu, on existe davantage par soi-même et face au désir de l'autre en disant non qu'en disant oui. Vers 18 mois, les « non » des enfants sont surtout des « non » d'affirmation. Votre petit peut vous dire « Non je ne veux pas de ce yaourt » et le manger quand même… parce qu'il aura finalement décidé de le manger. Avec un peu d'humour et d'habileté, ces refus sont faciles à détourner. L'opposition est plus persistante face à un parent qui observe ou s'agace de l'opposition que face à un parent qui fait mine de ne pas la voir ou la contourne.

Le cadre quotidien

Le respect des règles quotidiennes est essentiel à une qualité relationnelle parents-enfant et à une vie de famille paisible et sereine. Elles doivent donc être posées avec clarté et de manière adaptée. Il est exagéré de demander à un enfant de 2 ans de toujours être propre sur lui, de mettre son linge au sale, de mettre la table… Trop de règles quotidiennes rendent ces règles inefficaces. L'enfant ne sait pas prioriser, il se sent sous la contrainte permanente et l'opposition s'intensifie. Contourner l'opposition est un excellent moyen de ne pas entrer en conflit et de faire comprendre tout de même les règles à respecter. L'enfant n'est pas dupe, il voit bien qu'au final ce qui était prévu a été fait.

Que faire face aux refus ?

Concrètement, face à l'enfant qui refuse de s'habiller, on peut proposer un jeu : « Je compte jusqu'à 10 et tu auras mis ta chaussette » et ainsi de suite jusqu'à ce que l'enfant soit entièrement vêtu ; vous pouvez également le motiver d'autres manières : « Allez, ce soir on fait une surprise à papa : on file au bain avant que papa ait eu le temps de venir le demander... »

Comment poser les cadres avec efficacité ?

Comme nous l'avons vu, les règles fluctuent en fonction de l'âge. Pour le tout-petit, ce qui va être primordial, ce sont toutes les règles de sécurité. Puis viennent les règles de respect et enfin les règles quotidiennes. La hiérarchisation des normes se fait donc dans cet ordre et en fonction de l'âge de l'enfant. Dans le doute, poser peu de règles, mais les règles essentielles : sécurité et respect.

Du doute à la certitude

L'enfant a besoin de règles et de repères clairs. Un enfant ne doit jamais lever la main sur ses parents quel que soit son âge ; dans le même esprit, les querelles au sein de la fratrie doivent être interdites. Par contre, on peut se montrer plus souple sur les règles quotidiennes, à condition que les deux parents soient d'accord, que cela n'empiète pas sur le temps du couple ou de repos et que la qualité des relations familiales soit préservée.

De l'amour à la tendresse

Des parents débordés, qui n'ont pas le temps de câliner leurs enfants, ne parviendront pas à poser des cadres clairs et respectés. Pour entendre les règles et les accepter, l'enfant a besoin, avant tout, que son besoin de sécurité affective soit assuré, ce n'est qu'alors qu'il va intégrer les cadres comme des éléments constitutifs de sa stabilité affective. Chez le très jeune enfant, par nécessité, les corps-à-corps sont importants et les règles moins nombreuses. Chez l'enfant qui s'oppose, qui va et vient, les choses se compliquent, les affrontements augmentent à mesure que les corps-à-corps diminuent. Pourtant, il reste essentiel de continuer à témoigner un amour inconditionnel, de la tendresse physique, de lui donner de l'attention et de lui faire des compliments, pour que les cadres puissent être entendus. Lorsque vous rentrez à la maison, câlinez votre ou vos enfants avant de vous occuper de l'intendance. Cela diminuera les oppositions qui ne sont rien d'autre qu'une quête d'attention.

Des mots aux explications

Des explications sont souvent nécessaires afin d'aider l'enfant à intégrer les règles sans les contester. Que ce soient des règles de sécurité, de respect ou des règles quotidiennes, l'enfant doit savoir à quoi elles servent. Car pour que l'autorité soit efficace, il est essentiel que les règles soient comprises. L'enfant refuse ce qu'il n'assimile pas, ce qui lui est imposé brutalement, que ce soit sur le fond ou dans la forme. La tendresse et les mots sont donc aussi essentiels à l'autorité que l'est la mesure avec laquelle l'autorité est posée.

De l'essentiel au superflu

La sécurité passe avant le respect et le respect avant les règles quotidiennes. Trop de règles tue les règles, il est donc important de les présenter de manière progressive en fonction de la compréhension de l'enfant et en fonction de leur assimilation. Si le tout-petit, avant 2 ans, a besoin que les règles lui soient répétées parce qu'il a du mal à les comprendre, certaines règles lorsqu'elles ont été expliquées et répétées n'ont pas besoin de l'être indéfiniment. L'enfant comprend assez bien qu'il n'a pas le droit de taper ses parents ou ses frères et sœurs, surtout si les quelques tentatives ont été suivies d'effet. Il assimile également assez vite qu'une consigne donnée et comprise n'a pas besoin d'être répétée dix fois pour être appliquée. Aux parents de voir si l'enfant a bien compris et s'il flirte avec les limites, afin de réagir de manière adaptée et de cesser l'éternel chapelet de répétitions pour enfin se faire entendre.

Le temps calme

Lorsque l'enfant ne respecte pas une règle de sécurité ou de respect et que de manière évidente cette règle est comprise, a déjà été répétée et expliquée, il est important de faire cesser le comportement par une immobilisation, un temps calme, une pause. L'enfant se retrouve seul, n'a pas le droit de jouer, n'est donc pas satisfait des conséquences de son acte et parce qu'il est intelligent, il va apprendre que ce comportement est inefficace pour obtenir satisfaction, il va donc changer de stratégie. Après le temps calme, il est important de rappeler la raison de l'isolement ainsi que la règle à respecter. Un temps calme peut ne pas excéder une minute par année d'âge et être augmenté en fonction de la gravité du comportement ou du refus d'obtempérer.

Un dialogue adapté et fertile

> **« J'ai toujours voulu apporter à mes enfants ce que je n'ai pas eu, de l'amour à n'en plus finir et de l'écoute à profusion. Leur apprendre à mettre en mots leurs maux et à entrer en relation vraiment pleinement avec l'autre dans une relation d'échange riche avec nous, leurs parents. Pour moi, cela posé, l'autorité est inutile. »**
>
> Céline (36 ans), maman de Gaspard (5 ans) et d'Émilie (7 ans)

Depuis les années 1970, sous l'influence des changements de la société et de quelques grands pédagogues, certains parents sont allés très loin dans le « laisser-faire » et le « laisser-grandir ». Ils ont laissé place au dialogue en faisant appel à la raison de leur enfant. C'est la génération « communication ». Seulement, ces mêmes parents se rendent compte aujourd'hui qu'il est impossible d'empêcher un enfant de faire des bêtises rien qu'en discutant avec lui. Ne serait-ce que parce qu'en dessous de 7 ou 8 ans les enfants n'ont pas encore atteint l'âge de raison, ils ne comprennent pas et donc n'acceptent pas toutes les règles qu'il est nécessaire de poser. Si bien qu'il est, alors, impossible de se faire respecter simplement par le dialogue.

Doit-on tout dire à l'enfant ?

Expliquer : oui, mais…

Le « parler vrai » est essentiel en matière d'autorité comme globalement en matière de communication. L'enfant qui sait qu'on lui dit la vérité sera dans une relation de confiance avec ses parents, dans une relation moins opposante. Le discours doit toutefois rester adapté à son âge et surtout à son niveau de compréhension. Être dans le vrai, sans être dans quelque chose de blessant ou de choquant pour l'enfant. Il pourra sans mots, sans compréhension d'une situation, se retrouver en opposition. C'est pourquoi il est important, le cas échéant, de dire à son enfant « Ce soir je suis fatigué [stressé(e) ou malade], mieux vaut que tu écoutes parce que sinon je risque de m'énerver exagérément et de manière inappropriée ».

L'enfant qui entend cela reçoit une preuve de confiance parentale et si les bases affectives sont sécures, il n'aura pas de difficulté à être en empathie plutôt qu'en opposition. Par contre, les explications ont un temps. Il y a un moment où le parent, en fonction du niveau de compréhension de son enfant, sait que la règle est intégrée, que l'explication est comprise. À partir de ce moment-là vient un autre temps, celui du respect de la règle, celui de la limite à un comportement.

Négocier : oui, mais...

La négociation est capitale, en ce sens qu'elle apprend aux enfants à développer leurs arguments. Elle aboutit également à des solutions « gagnant-gagnant », permettant à chacun de s'y retrouver. Il est des terrains, celui du quotidien par exemple, où la règle peut être souple. La négociation y prendra alors tout son intérêt, elle permettra même d'éviter l'opposition. Au lieu de demander à un enfant ce qu'il souhaite porter, on lui demandera : « Tu préfères le pantalon bleu ou le rouge ? » L'enfant apprécie alors d'exercer son libre arbitre et n'entre pas en opposition. Idem pour le choix du légume vert ou de l'activité en extérieur.

Toutefois, comme nous l'avons vu, tout n'est pas négociable. Certaines règles sont strictes, comme le respect dû aux parents, l'interdiction de se taper entre frères et sœurs ou encore le fait de ne pas faire des galipettes près d'une table à coins. Chaque enfant a besoin de comprendre qu'il existe dans la vie des règles souples et d'autres qu'on ne peut pas et qu'on ne doit pas transgresser.

Pourtant, les parents ont d'autant plus de mal à poser l'autorité qu'ils ont pour souhait premier d'être bienveillants, à l'écoute, compréhensifs... et rejettent l'idée de punition, de sanction, porteuse selon eux de brimade plus que d'éducation.

Devenir un parent bientraitant

La plupart des parents développent naturellement un comportement bienveillant, parce que tout le monde souhaite voir ses enfants heureux et en bonne santé. Ainsi, répondre à toutes leurs demandes pour qu'ils soient contents, leur cacher un décès pour les protéger des souffrances peut participer d'une intention bienveillante. Leur parler, les câliner, les couvrir de tendresse sans avoir à poser de sanction : cela apparaît comme une attitude bienveillante, mais est-elle fondamentalement bientraitante, sur le long terme ?

De la bienveillance…

Parce que la bientraitance, selon Patricia Chalon, auteure du livre *De la bienveillance à la bientraitance*, se situe au-delà de la gentillesse : elle est l'essence de la bonté vraie. Alors que la bienveillance participe d'une vision à court terme (céder pour mettre fin à son caprice), la bientraitance consiste à prendre du recul pour voir au-delà de sa satisfaction immédiate – tenir sa position malgré la colère de l'enfant. Un processus hautement bientraitant commence souvent par un acte apparemment contraire à l'intérêt immédiat de l'enfant… ou à celui du parent : le confort de l'adulte peut dicter une attitude bienveillante, par exemple tenir la cuillère de son enfant pour qu'il mange proprement. Or, être un parent bientraitant consiste à l'accompagner dans son apprentissage, en le laissant manger seul.

… à la bientraitance

Même si, au début, l'enfant en met autant par terre que dans sa bouche… Il est bientraitant de s'organiser pour donner du temps à son enfant : lui apprendre à se laver, à s'habiller seul. Aucun apprentissage n'est immédiat. En accordant à l'enfant notre confiance et en se mettant à son rythme pendant les quelques semaines ou quelques mois nécessaires, on l'aide à grandir. À long terme, tout le monde est gagnant : l'enfant devient autonome, le parent n'a plus la charge de ces tâches quotidiennes.

Dans un premier temps, la bientraitance nécessite donc un peu plus d'énergie... En effet... et elle demande aussi d'accepter de ne plus être indispensable à ses enfants. Elle nécessite également de faire preuve de tolérance, pour accepter les ratages et les imperfections liés à tout apprentissage...

Mon fils est colérique, sachez-le !

Prévenir la maîtresse pour qu'elle accepte le comportement de l'enfant est bienveillant. Mais bientraiter un enfant, ce n'est pas l'enfermer dans un caractère type où vous et votre entourage projetterez tous ses comportements ; une case dont il aura d'autant plus de mal à sortir que les enfants sont très loyaux et peuvent chercher à se conformer à ce qu'ils entendent comme des « attentes »... La bientraitance consiste donc à éviter les modes prédictifs, qui transforment un comportement parfois circonstancié (sa colère peut être due à l'arrivée d'une petite sœur ou un petit frère) en structure figée dont il est prisonnier.

Petit quiz

Êtes-vous un parent bientraitant ou bienveillant ?

1. **Le grand-père de votre enfant de 3 ans vient de décéder. En parlez-vous ?**

   Oui forcément. Mais vous adaptez vos mots à sa compréhension.

   Non. Il est trop jeune, vous éludez le sujet, pour éviter de lui faire de la peine.

2. **Votre enfant vous fait une crise au supermarché pour avoir des bonbons. Vous les achetez ?**

   Oui. S'il pleure ou insiste trop. Vous voulez éviter un esclandre au supermarché.

   Non. Il n'est pas question que vous cédiez devant une colère.

3. **Lorsqu'il croise une connaissance, lui demandez-vous de saluer ?**

   Non. Vous ne l'ennuyez pas avec ça, il est encore petit.

   Oui. Même si vous ne l'obligez jamais à faire une bise, vous lui demandez au moins de dire bonjour.

Résultats

Au moins 2 oui : vous avez tendance à privilégier la bienveillance.

Au moins 2 non : vous pencheriez plutôt pour une attitude bientraitante.

Acte 2

Les freins intérieurs

Un enfant épanoui grandit comme une belle plante autour d'un tuteur solide, étape par étape, en étant nourri de manière adaptée. L'autorité étant au centre de sa croissance et de sa construction psychique, le tout est qu'elle soit posée avec justesse. Pour cela, il est parfois important de comprendre les enjeux inconscients de l'autorité de manière générale puis de manière plus individuelle. Après avoir lu « Une histoire d'héritage », vous pourrez aborder la suite de cet acte 2 en fonction de ce que chaque titre évoque pour vous, et aller ainsi à la rencontre des freins qui vous empêchent parfois d'ériger un tuteur droit et solide.

Une histoire d'héritage

> **« J'étais un enfant modèle aux dires de mes parents, je n'ai jamais fait de colères, de caprices, de crises d'opposition, je ne comprends pas pourquoi mon fils, lui, s'oppose en permanence. J'ai l'impression que nous sommes passés à côté de quelque chose, que peut-être nous ne lui avons pas assez témoigné d'attention, nous sommes peut-être un peu absents ou pas assez disponibles. »**
>
> Vladimir (42 ans), père de Léon (3 ans)

Fini le mythe du chérubin angélique. Silencieux, allergique aux larmes, qui ne causerait jamais de souci à ses parents. Perturbateurs, nos enfants le sont tous, plus ou moins, par besoin de s'affirmer, par intelligence, par nécessité de tester leur entourage, parce qu'ils sont en bonne santé physique et mentale !

Simplement, quand l'amour et la bienveillance sont au rendez-vous, l'autorité est perçue comme un signe d'amour supplémentaire et intégrée sans trop de difficulté, ce qui donne l'impression à certains parents qu'ils n'ont pas ou peu de règles à poser. La réalité est qu'elle est posée en douceur, souplesse, qu'elle est vécue par le parent comme un acte d'amour.

Mais il est difficile pour beaucoup de parents – rétifs à l'autorité, pris dans leur crainte de ne pas être à la hauteur, de ne pas être aimés, de ne pas être parfaits – de poser la règle avec évidence. C'est tout l'objet de cet ouvrage.

Une opposition naturelle pour l'enfant

L'opposition fait partie de la croissance de l'enfant, qu'elle soit liée à l'acquisition d'apprentissages, à l'affirmation naturelle de son identité ou à des perturbations de l'environnement. En transgressant, en perturbant, l'enfant continue à apprendre, à comprendre, à s'adapter à la vie, aux réalités et aux autres. Ces périodes ne sont évidentes à vivre pour personne, mais elles restent très constructives pour l'enfant. Elles lui confèrent une autonomie progressive essentielle à son envol futur, lui permettent de s'affirmer dans sa personnalité tout en demandant à ses parents de se repositionner sur le plan affectif et éducatif.

Des stades d'apprentissage

Comme l'ont décrit Freud, Piaget et Wallon, la vie des enfants est jalonnée de stades d'apprentissage. Si chacun y a vu des étapes différentes, on peut considérer que chaque acquisition quelle qu'elle soit interroge l'équilibre familial : faire ses nuits, devenir propre, se nourrir seul, marcher, parler, aller à l'école. Face à chaque apprentissage, l'enfant va tenter de s'opposer, de tester les limites, d'obtenir tout ce qu'il peut de ses parents. C'est tellement plus sympa de dormir dans le lit parental, de se faire bercer, de ne rien ranger, de se faire habiller...

Mais les acquisitions sont également pour l'enfant des défis à relever et parfois des épreuves à surmonter pour passer de la dépendance à la future autonomie. Ces étapes peuvent donc générer des peurs, des doutes, des refus, elles requièrent de la part des parents un accompagnement adéquat fait d'amour et de cadres sécurisants. Parce que laisser un enfant aller à sa guise et se cogner l'aidera moins à avoir envie de gambader que l'accompagner jusqu'à ce qu'il se sente sûr d'avancer.

L'âge difficile

Outre les stades d'apprentissage, il y a une étape clé dans l'apprentissage des cadres, ce que les Américains appellent avec raison les *terrible twos*, les « terribles 2 ans », qui commencent souvent dès 18 mois. C'est l'âge où les petits entrent dans un rapport de force avec l'adulte et veulent prendre le pouvoir. Les parents doivent donc commencer à user de fermeté et de patience pour se faire entendre et comprendre.

Durant cette période, l'enfant cherche à s'imposer, à montrer à ses parents ce qu'il est capable de faire et ne pas faire sans eux. À cet âge, les règles ne sont pas encore intégrées. L'enfant s'amuse donc à les transgresser, sans arrêt, sur le mode de la provocation. Il s'agit bien souvent de la seule manière qu'il a trouvée de tester ses parents, de savoir jusqu'où il peut aller avec eux.

Mais l'enfant exprime également une forme de mal-être devant cette nouvelle perception de lui-même, son individualité à la fois insécurisante et libératoire. Il est « autre », différent de ses parents, de ses frères ou sœurs. On ne fait plus tout pour lui et parfois cela génère de l'anxiété. L'enfant s'oppose, parfois jusqu'à régresser dans ses apprentissages ou en refusant de les assimiler.

Des attitudes régressives

Les enfants ne sont pas aussi souples que les parents peuvent le penser. Ils ont besoin de s'adapter au changement. Il leur faut toujours du temps pour accepter ce qui est nouveau, car ils sont nostalgiques du passé, comme attachés à leurs anciens repères. Tout changement peut donc provoquer des postures régressives liées au fait que la situation connue, passée est rassurante. L'enfant peut donc se faire perturbateur lorsque sa vie, ses repères, ses habitudes changent, surtout s'il n'a pas eu d'explication, s'il n'a pas été en mesure de comprendre ou encore s'il n'a pas eu le temps de s'habituer. En tant qu'adulte, nous ne devons jamais hésiter à nous souvenir de notre propre enfance, de nos doutes, de nos peurs. Ainsi nous nous efforçons de redécouvrir l'enfant perturbateur que nous avons pu être pour mieux comprendre ces périodes d'opposition contextuelles. De cette manière, nous apprenons également à nous situer plus près de notre enfant et à mieux comprendre son mal-être.

Les attitudes parentales qui alimentent le côté « perturbateur »

- Imposer sans expliquer et sans avoir donné le temps d'attention nécessaire.
- Poser le cadre sans s'interroger sur la partie de notre histoire qui intervient dans notre manière de le faire.
- Être en désaccord avec l'autre parent concernant les règles.
- Chercher à satisfaire son enfant en permanence, précéder ses désirs.
- Prendre l'enfant pour son confident, son copain.
- Commettre des injustices, les enfants y sont également très sensibles.
- Adopter des attitudes invasives ou au contraire écarter l'enfant de la vie de famille.
- Avoir un chouchou ou au contraire un enfant que l'on regarde toujours comme l'enfant difficile.

Une posture compliquée pour le parent

Mais si le changement est compliqué pour l'enfant, il l'est encore plus pour les parents qui n'ont ni la même souplesse ni la même capacité d'apprentissage permanent. Or, l'enfant demande aux parents de se réadapter sans cesse à chaque étape nouvelle. Cela est d'autant plus difficile que les parents sont le résultat d'une éducation et d'une histoire qui leur échappe bien souvent. Ils sont le fruit de mécanismes inconscients qui président à leur comportement parental.

Un « non » difficile à dire

Il est évidemment plus simple de dire oui, surtout à quelqu'un que l'on aime et bien évidemment encore plus à son enfant. Dire non n'est jamais quelque chose d'évident pour le parent, ni naturel en soi. Punir, gronder, voir pleurer son enfant : cela va à l'encontre du souhait profond du parent qui est de rendre son enfant heureux, cela s'oppose au scénario parental idéal construit pour beaucoup avant même de fonder la famille. Les parents ont d'autant plus de mal à dire non qu'ils oscillent entre le « donner trop » et le « donner trop peu ». Beaucoup veulent être parfaits, supportant de moins en moins les oppositions, les conflits, qu'ils analysent comme des échecs remettant en cause leur politique éducative.

Un moi fragile à identifier

Selon le psychiatre Éric Berne, fondateur de l'analyse transactionnelle, notre identité serait composée de trois « moi » : le **moi parent**, qui interviendrait dans le domaine de l'éducation ; le **moi adulte**, que nous convoquerions dans le domaine des prises de décision ; le **moi enfant**, que nous solliciterions dans le domaine de l'affectif. Dans son ouvrage *Des jeux et des hommes*, Éric Berne, explique que les obstacles que rencontrent certains parents proviendraient d'une difficulté à investir leur « moi parent », soit parce que leur « moi enfant » est trop développé, soit parce que le « moi adulte » doit encore l'être (voir quiz « Quel(le) autoritaire êtes-vous ? », p. 11).

Un « moi adulte » à affirmer

Quand ce type de blocage inconscient existe, explique le psychiatre Éric Berne, il est impératif de faire un effort sur soi, « en prenant progressivement conscience que l'autorité constitue la première protection de l'enfant ». Bien sûr, gronder peut « bousculer » ou induire un sentiment de peine sur le court terme... mais pas sur le long terme. C'est, comme nous l'avons vu, passer de la bienveillance à la bientraitance, de l'enfant que nous étions à l'adulte et au parent que nous sommes.

Chaque parent doit apprendre à identifier ses éventuels freins pour mieux les dépasser. Car un enfant, lui, pour se construire harmonieusement, a besoin de sentir un adulte « en charge », au-dessus de lui. Un adulte capable de le guider, capable de lui tenir la main pour ne pas le laisser tomber et s'effondrer.

Tour à tour, nous alternerions ainsi logiquement ces facettes de notre identité selon nos interlocuteurs. Pour Éric Berne, certains adultes éprouveraient des difficultés pour s'ajuster clairement face à leur bambin, sollicitant dès lors, dans des situations demandant de faire acte d'autorité avec fermeté, leur « moi enfant » plutôt que leur « moi parent ».

J'ai peur de mal faire

> **« J'ai beau donner un ordre, le répéter, Léo n'en fait qu'à sa tête : un large sourire narquois suspendu à ses lèvres. Plus je lui demande de faire quelque chose, plus il prend plaisir à ne pas le faire. Je n'en peux plus, je tente encore une fois avec un ton que je sais peu convaincant "Allez Léo, sinon maman va se fâcher !" Résultat pratique : un éclat de rire et aucun résultat ! »**
>
> Véronique (41 ans), maman de Léo (5 ans)

Un cadre social moins clair

Nombre de psychologues avancent l'idée que l'incapacité que ressentent certains parents à poser des « non » fermes serait en partie liée à un problème purement générationnel. Éduquer semblait en effet autrefois plus simple, car le monde lui-même était plus simple. Les influences extérieures – médias, experts de la petite enfance – étaient moins importantes. Les parents ne se posaient pas tant de questions. Il existait certains consensus, et les pères et les mères frustraient leurs enfants ou les grondaient la conscience tranquille.

Aujourd'hui, à la croisée de conseils contraires, beaucoup s'interrogent sur leur capacité à savoir légitimement poser des limites. Interrogation parfois doublée d'un sentiment aigu de culpabilité – je suis défaillant, j'ai trop peur de mal faire, je ne sais pas bien faire, je ne suis pas d'un naturel autoritaire, etc. Mais que se cache-t-il derrière ce manque d'autorité, cette difficulté à poser le cadre ? C'est tout l'enjeu des pages à venir.

Un manque d'assurance individuelle

Lorsque les adultes ont eux-mêmes manqué de référents et qu'ils n'ont pas vu le parent de même sexe ou leurs parents les élever, ils n'ont pas appris à être parents, ils n'ont pas pu se projeter dans la parentalité. D'autres parents doutent d'eux, pas simplement comme parents, mais comme individus. Ils manquent de confiance en eux, ne sont pas sûrs de leur jugement, de leurs décisions, parce qu'ils ont eu des parents qui n'ont pas su leur donner confiance en leurs capacités, parce qu'ils ont été tant bichonnés qu'ils n'ont pas pu expérimenter leurs aptitudes, parce que au contraire ils ont eu des parents si critiques et si exigeants qu'ils ont en permanence la sensation de mal faire. Dans ce dernier cas, ils pensent à tort qu'être un bon parent signifie être doux, aimant. Poser un cadre leur renverrait l'image d'être un parent dur. Une image difficile à accepter, dont il est important de se défaire pour poser un cadre juste.

Ces parents peuvent alors soit être oscillants et correspondre au profil de l'éducateur souple (voir les résultats du quiz « Quel(le) autoritaire êtes-vous ? », p. 11), soit être dans le modèle libéral ou explicatif, étant principalement obnubilés par l'idée de bien faire et donc de rendre leur enfant heureux ; ils ne parviennent pas à voir l'autorité comme une composante pleine et entière de l'amour parental.

Un comportement éducatif oscillant

D'autres parents oscillent entre autoritarisme et laxisme. Ils sont tiraillés entre la consigne qu'il leur paraît utile de donner et le souhait de ne pas vexer ou brider leur enfant. L'enfant perçoit cette hésitation et s'y engouffre. Il n'entend que ce qu'il a envie d'entendre et ne respecte que ce qu'il souhaite respecter. Il est alors fréquent que la règle soit répétée à maintes reprises mais, face au comportement oscillant, pas suivie d'effet. Du coup, au bout d'un moment, excédé, le parent fait preuve d'autoritarisme, en réagissant de manière sèche, parfois brusque et sans explication.

Pour sortir de cette situation, il faut que les parents définissent ensemble quelques règles non négociables. Elles ne doivent pas être nombreuses mais doivent permettre de régir la vie de famille : les règles de sécurité, de respect (voir l'acte 1) ainsi que les règles permettant une vie familiale paisible – le respect des horaires, des cadres quotidiens...

Une imperfection souhaitable

Cette phrase de Sigmund Freud pourrait apaiser ceux qui doutent d'eux : « Faites ce que vous voulez, de toute manière ce sera mal. Il aurait répondu cela à Marie Bonaparte qui lui demandait conseil. Cette phrase a été perçue comme culpabilisante alors qu'elle était plutôt l'affirmation de l'impossibilité pour les parents de rejoindre un idéal !

Le psychanalyste anglais Donald Winnicott abonde en ce sens. Pour lui, la « mère » ne doit pas être parfaite mais juste suffisamment bonne. Les défaillances parentales permettent à l'enfant de sortir de la symbiose pour aller vers sa propre identité. En fait, selon Françoise Dolto, pour Freud, « une éducation réussie est celle qui a suffisamment de défauts pour être remise en cause à l'adolescence ! ». C'est en contestant l'éducation que l'enfant va devenir adulte.

Le cadre : une dose d'amour en plus !

Les parents qui manquent de confiance en eux, ceux qui ont peur de mal faire ou de ne pas être aimés de leur enfant prennent l'autorité comme un acte qui ne relève pas de l'amour. Poser un cadre peut être pour eux d'une grande violence, ils se sentent être de mauvais parents, ce qui les renvoie à un sentiment de culpabilité très fort. Mais l'autorité n'enlève rien à l'amour, au contraire, elle en est une composante. Le parent peut dire « C'est parce que je t'aime que je dois t'apprendre ce qui est bien et ce qui est mal, c'est pour que le quotidien soit plus agréable et pour te permettre d'être plus heureux », « Quand on attend pour avoir quelque chose, on se réjouit davantage, on en profite plus »...

J'ai peur qu'il ne m'aime pas

> « **Depuis que Léa est née, je n'ai qu'une envie, un souhait, la rendre heureuse, lui donner le meilleur de moi-même, lui transmettre de l'amour, de l'amour et encore de l'amour. Le reste me semble superflu, l'autorité dépassée et surtout inhibante. Je veux que ma fille soit épanouie et qu'elle n'ait pas à souffrir comme moi de contraintes inutiles. Ce qui m'étonne, c'est que ma fille n'est pas toujours facile, elle fait rarement ce que je lui demande et malgré le fait que je cherche à devancer ses désirs, elle ne prend pas plaisir aux choses.** »
>
> Valérie (44 ans)

Le laxisme par peur de ne pas être aimé

Chez le parent laxiste, il n'y a pas de cohérence entre ce qui est dit et ce qui est fait. L'enfant sent que le parent ne lui demande pas vraiment puisqu'il n'insiste pas non plus. C'est la peur de ne pas être aimé par sa progéniture qui va le pousser à agir ainsi. Il préfère entrer dans la séduction en étant gentil. Il est important que le parent s'interroge sur les raisons de cette crainte. L'amour d'un enfant ne dépend-il que de sa satisfaction ? Les enfants savent que les parents ne peuvent pas toujours dire oui à tout. Des sondages ont d'ailleurs révélé que les enfants dont les parents ne cèdent pas les aiment tout autant.

Une histoire toujours singulière

Cette crainte de ne pas être aimé de son enfant peut être liée au fait que le parent refuse clairement l'autorité parce qu'il a souffert de ce qu'il pense être un excès de règles, alors qu'en réalité il a souffert du manque d'amour et d'attention, bref il a été, petit, victime d'autoritarisme. D'autres parents ont peur de ne pas être aimés de leur enfant, car, très concrètement, ils n'ont pas eu de parents, ont manqué de présence parentale ou ne se sont pas sentis aimés. Enfin, il y a ceux qui ont appris à toujours dire oui, à se conformer pour être aimés de leurs parents, soit pour se distinguer dans la fratrie, soit parce que c'était ce que les parents exigeaient pour témoigner leur affection.

Un parent peut-il changer son comportement ?

Oui. Pour y parvenir, le parent doit comprendre que son enfant n'est pas là pour pourvoir à ses défaillances et que ce n'est pas en lui autorisant tout qu'il gommera l'éducation qu'il a lui-même reçue. Ce n'est pas, non plus, en lui interdisant tout que l'enfant obéira, car il aura trop de règles à respecter. Une fois ce travail réalisé, l'adulte peut s'expliquer en disant pourquoi il a été défaillant à une période, à condition que cette annonce soit accompagnée d'un réel changement de comportement. Le parent est dans une relation humaine avec son enfant. Il est normal qu'il se montre dans sa complexité.

Dans tous les cas, les parents qui ont peur de ne pas être aimés ont connu un manque d'affection et le comblent à travers leur enfant. Il est important qu'ils identifient ce qui fait partie de leur histoire individuelle et qu'ils comprennent qu'avec leur enfant se joue une autre histoire.

Un amour qui dépasse tout

Souvent, pour ces parents, l'amour et l'attention sont suffisants. Or, comme nous l'avons vu, s'ils sont nécessaires parce qu'ils évitent toute carence affective, ils ne sont nullement suffisants. Un enfant ne s'épanouit pas s'il ne reçoit que des ordres ; la relation affectueuse seule ne permet pas non plus à l'enfant de prendre plaisir aux choses, de se réjouir. La frustration est essentielle pour que l'enfant soit heureux de ce qu'il a et de ce qu'il vit. L'enfant qui n'a pas appris à respecter l'autre, les limites, ses parents, est un enfant qui va se refuser les interdits, mais également qui ne parviendra pas à être dans le désir et le plaisir.

Il y a des moments où forcément on est obligé de contrarier son petit, de s'opposer à ses désirs, au risque, donc, de lui déplaire et de créer en lui des frustrations. L'enfant va dire : « T'es pas belle, j't'aime pas ! » Inutile de s'alarmer. Pour se construire en toute sécurité, un enfant jeune a naturellement besoin de parents qu'il sent forts, de parents capables de lui dire où est le bien, où est le mal, où est le « oui » et où est le « non ». Vouloir être trop aimé de son enfant, c'est risquer de ne pas lui offrir ces repères pourtant indispensables à son épanouissement.

Votre enfant est-il intolérant aux frustrations ?

Voici les cinq surattitudes (« 5 S ») définies par Didier Pleux, dans *De l'enfant roi à l'enfant tyran*.

Surstimulation : un enfant qui est toujours stimulé, à qui l'on propose sans cesse des activités, ne saura pas s'occuper seul, attendra toujours plus. Il va donc développer une grande intolérance.

Surcommunication : trop de langage éloigne du principe de réalité. Trop de mots, d'explications empêchent certains parents de s'imposer au quotidien. L'enfant sait qu'il n'y aura que des mots et pas de sanctions.

Surconsommation : alimentation, jeux vidéo, lorsque l'enfant baigne dans le monde du plaisir rapide et immédiat, il va forcément avoir du mal à accepter de différer ses plaisirs et ses envies.

Surprotection : un parent qui, par souci de protection, excuse toujours son enfant quel que soit son comportement, « Ton instit n'est pas gentil », « Tu as eu raison de taper cet enfant, il n'avait pas à prendre ton jouet »... l'incite à penser qu'il n'est pas responsable de ses actes et que tout lui est permis.

Survalorisation : à force de dire « Tu es le roi, tu es le meilleur », l'enfant va se considérer comme tel et trouver juste de dicter sa loi aux autres, parents compris.

Je ne veux pas le faire souffrir

« Ma priorité avec mes enfants, c'est qu'ils ne souffrent pas. La vie est tellement dure, tellement féroce que tant qu'ils sont sous mon toit, je souhaite les voir rire, s'amuser et ne se soucier de rien. On nous reproche parfois de trop en faire, mais notre joie, à tous les deux, c'est cela justement, tout faire pour eux. Depuis qu'ils sont nés, notre vie est entre parenthèses, elle est dédiée à nos enfants. »

Luc (38 ans)

Un refus de l'autorité

La difficulté à poser l'autorité peut avoir de nombreuses origines. Dans certains cas, les parents veulent faire plaisir à leur enfant pour de multiples raisons : cela leur renvoie une image positive d'eux-mêmes, leur donne l'impression d'être de bons parents, de rendre leur enfant heureux autant qu'ils peuvent, avant que la dureté de la vie reprenne ses droits... Eux-mêmes ont peut-être connu des heures difficiles, des conflits avec leurs parents, qu'ils souhaitent éviter à leur enfant, peut-être se sont-ils sentis brimés, bridés ou bien ont-ils reçu une éducation autoritaire. Ils prennent alors le contre-pied de celle-ci en refusant de le faire. Ils ne donnent donc pas de limites à leur enfant pour ne pas le faire souffrir.

Une rivalité entre conjoints

Il arrive qu'un couple ne s'entende pas, rivalise d'attention, de gentillesse et de permissivité pour gagner l'amour de son enfant. D'autres sont frustrés dans leur équilibre affectif. Ils entretiennent une relation de gratification avec leur enfant, un substitut à la relation conjugale et le considèrent comme un « chéri » à qui ils ne peuvent rien refuser. En réalité, le rôle d'un père, d'une mère est d'aimer son enfant, pas de chercher à tout prix son amour et sa reconnaissance. Et, comme on l'a vu, l'amour parental ne consiste pas à « faire plaisir » à son enfant à chaque moment de la journée, mais à l'éduquer dans une vision à long terme.

Une crainte à dépasser

Les parents doivent prendre conscience qu'avec un enfant on ne peut pas toujours être dans ce genre de relation. Un enfant est un être en construction, qui pour grandir a besoin d'affection et de limites strictes. C'est un équilibre nécessaire. Il y a un moment pour chaque chose : pour donner de l'affection, pour instaurer des règles, demander un service. Si les parents sont sans cesse dans la gratification, l'enfant fera toujours des caprices. Les parents doivent élargir leurs centres d'intérêt pour également apprendre à l'enfant à s'épanouir en dehors de leur giron, et bien sûr commencer à poser des cadres.

Un cadre qui rassure

Comme nous l'avons vu, le cadre rassure l'enfant, avoir des parents qui ne posent pas les règles, c'est comme être dans un avion où le pilote ne sait pas où il va, comme avoir un patron qui n'a pas de cap... c'est bien plus déstabilisant qu'un cadre clair posé dans des conditions affectives optimales. L'enfant s'approprie d'autant mieux les règles qu'il les comprend, qu'elles sont claires, stables et justes. D'où l'importance de tenir face à lui une position ferme, bien assurée avec des autorisations, avec des interdictions... Il est aussi important de poser des règles que de les faire respecter, sinon il n'y a pas d'autorité possible.

Le parent nourricier selon l'analyse transactionnelle

Vous aimez bichonner, câliner, materner. Vous êtes avec vos enfants et avec votre entourage aux petits soins. Vous les faites passer avant vous-même, sans que cela vous gêne le moins du monde. Leur bonheur, c'est le vôtre. Vous aimez les autres, naturellement vous êtes présent(e) pour eux. Ils peuvent compter sur vos conseils, votre présence, votre aide en cas de besoin. Vous ne vous économisez pas, vous êtes en éveil, toujours attentif(ive), vous encouragez, motivez, anticipez. Vous en faites tant que les autres n'ont souvent plus rien à faire. Avec vos enfants, c'est pareil, vous agissez avant qu'ils aient le temps de le faire. Vous vous donnez parfois jusqu'à l'épuisement. N'oubliez pas que les enfants ont besoin d'expérimenter pour comprendre qu'ils sont capables. En les bichonnant à l'excès, le parent nourricier risque d'avoir des enfants qui n'ont pas confiance en eux.

Je ne sais pas faire !

« J'ai beaucoup de mal avec mon fils Lucas, il fait ce qu'il veut. De plus depuis quelque temps, il est agressif avec son frère, violent même parfois avec moi, j'ai beau déployer des trésors d'énergie pour lui expliquer que son comportement n'est pas acceptable, il n'entend rien. Bien que je reste persuadée que le dialogue est essentiel, je dois avouer que je me sens bien démunie face à ces comportements ! »

Salomé (30 ans)

Lorsqu'un parent a le sentiment de ne pas y arriver bien qu'il fasse tout ce qu'il peut pour y parvenir, c'est sans aucun doute qu'il n'a pas réussi à intégrer une des composantes essentielles d'une autorité adaptée.

Le dialogue avant tout

Lorsque le dialogue est roi, que les règles existent mais qu'elles sont simplement expliquées et qu'elles ne donnent pas lieu à une sanction lorsqu'elles ne sont pas appliquées, pour quelle raison l'enfant les suivrait-il ? Juste parce qu'il est raisonnable ? Pour commencer, avant l'âge de 7 ans, l'enfant ne comprend pas tout et, passé l'âge de raison, l'enfant n'est pas forcément raisonnable, il fait des apprentissages ! Il est illusoire de penser que l'enfant obéit parce qu'il comprend, si cela peut fonctionner ponctuellement, un enfant qui n'aime pas apprendre ne va pas se mettre à faire ses devoirs juste parce qu'on lui a expliqué que c'était important pour lui, il va tenter de différer autant qu'il peut. S'il n'est pas sanctionné, pourquoi changerait-il de stratégie puisque la sienne est gagnante : il fait ce qu'il veut !

Des cadres fluctuants

L'enfant est intelligent, il sait si la règle est ferme ou pas, s'il peut la contourner, s'il peut s'en accommoder autrement... Il voit bien, quand une limite bouge, qu'elle n'est jamais la même, qu'elle est ferme un jour et pas le lendemain. Dans ce cas, il ne s'y soumet pas ou peu. Si, quand il se dispute avec son frère, vous réagissez une fois sur dix, pourquoi cesserait-il ? Si, lorsqu'il le tape, une fois sur deux vous n'intervenez pas, pourquoi taper deviendrait-il un interdit ? C'est la même chose pour l'agressivité qu'il peut avoir à votre égard, si vous l'excusez une fois parce qu'il est fatigué, l'autre fois parce qu'il était énervé... pourquoi changerait-il son comportement ?

Des cadres décalés

Enfin, il y a les cadres décalés, soit parce que les parents ne posent pas les mêmes limites, soit parce que les actes ne sont pas suivis des mêmes conséquences : ce qui est grave pour l'un ne l'est pas pour l'autre, ce qui est sanctionné quand on est en forme ne l'est pas quand on est fatigué ! Cet état de fait est également emmagasiné par l'enfant, qui va donc faire en tenant compte de ces données et laisser son parent découragé. Lorsque c'est la sanction qui fluctue, une fois une fessée, une fois une punition, une fois une explication et une fois aucune réaction, l'enfant se sent perdu, désorienté, il ne respecte pas la règle et ne se sent pas en confiance, son parent ne lui apparaît pas comme fiable, or c'est essentiel pour que l'autorité soit posée avec justesse (voir l'acte 5).

Le renforcement des comportements

En acceptant de céder à son fils, Salomé lui apprend que lorsqu'il refuse il a ce qu'il veut, que lorsqu'il tape il n'est pas souvent sanctionné. Le cerveau de l'enfant va emmagasiner cette information : « Quand je dis non, j'ai ce que je veux », et la répétition du comportement va encore le renforcer. Il va au fil du temps acquérir la conviction de sa force et va pouvoir exercer pleinement le pouvoir que lui a donné sa mère.

Pour la psychologie comportementaliste, la compréhension des apprentissages se fait à partir de l'observation des comportements. Les actions sont souvent suivies soit d'un « renforcement positif », par exemple une récompense, soit d'un « renforcement négatif », par exemple une punition. C'est ainsi que l'individu apprend. Dans le cas de Salomé, l'enfant, en s'opposant, obtient en récompense ce qu'il voulait. Il apprend donc que s'opposer, refuser d'obéir, est plus gratifiant !

Acte 3

Les héritages inconscients

L'éducation que nous donnons à nos enfants, le mode d'autorité, les marques d'affection, l'assurance, comme bon nombre d'autres comportements sont le résultat d'un héritage transmis, reproduit ou rejeté.

Mon héritage m'entrave

« À la maison, on ne discutait pas les consignes, nous n'avions pas le choix, nous devions obéir aux règles que nous imposaient nos parents. Du coup aujourd'hui, je ne me pose pas de questions, je sais comment réagir, presque spontanément, naturellement. Je réalise à quel point je suis le miroir de ce que j'ai reçu et cela me pose parfois problème, parce que si je suis globalement d'accord avec les règles éducatives dans lesquelles j'ai grandi, je me sens entravée par des comportements que je ne souhaite pas reproduire et dont j'ai du mal à me défaire. » Lucie (42 ans)

Un conditionnement naturel

« Je n'élèverai pas mes enfants comme vous ! » : une phrase sans aucun doute lancée par de nombreuses personnes qui devenues adultes ont constaté qu'elles répétaient un fonctionnement parental. Combien se sont fait la remarque à la suite d'une réaction éducative impulsive : « J'ai l'impression de voir faire ma mère ou mon père ! » ? La soumission à l'autorité est l'effet d'un conditionnement, d'un assujettissement de l'enfant dès son plus jeune âge. La force et la précocité de ce conditionnement expliquent qu'il soit si compliqué de remettre en question l'éducation parentale, ce qui conduit souvent beaucoup de parents à reproduire inconsciemment le schéma d'autorité dont ils ont hérité, qu'il soit bon, mauvais, hésitant ou instable.

Une empreinte inconsciente

Comment s'explique ce conditionnement ? Il s'explique par la répétition du schéma éducatif, par l'emprise parentale, par l'expérimentation quotidienne... Selon le père de la sociopsychanalyse, Gérard Mendel : « C'est l'inégalité de fait, à savoir la disproportion des moyens physiques entre l'enfant et l'adulte, qui entraîne la dépendance matérielle du premier envers le second et qui rend possible ce conditionnement. » Les conséquences psychoaffectives de cette inégalité sont l'idéalisation de l'adulte, de sa toute-puissance, la peur de ne pas être aimé, d'être abandonné. Nous sommes inconsciemment formatés par l'héritage parental à agir de telle ou telle manière, selon le vécu, les règles et les croyances qui nous ont été transmises. Bien que l'enfant grandisse et que sa dépendance à l'égard de l'adulte diminue, le conditionnement, lui, reste intact.

Des croyances tenaces

« Le devoir avant le plaisir », « Le courage, c'est de porter ses peines en silence », « Quoi que l'on fasse, on souffre », « Il faut être gentil pour être aimé », « Être un bon parent, c'est être strict »... Chacun porte en lui, au-delà des mots, des phrases qui ont jalonné son enfance. Elles marquent l'enfant si puissamment qu'elles deviennent des croyances fortes, parfois fausses, qui déterminent certains comportements d'adulte.

Que pense le jeune enfant de lui-même ? Au départ, rien d'autre que ce que ses parents lui disent de lui. Il est un peu comme une page blanche qui va se construire au fil des mots et des phrases, surtout celles qui vont avec le temps résonner comme des croyances. L'ascendance naturelle des parents sur l'enfant leur donne un crédit absolu. Pour l'enfant, les parents disent la vérité. En fonction du langage utilisé, l'enfant va donc se sentir porté par un formidable moteur ou au contraire avoir du mal à agir. Et la vie de l'adulte sera imprimée de cette dynamique apprise dans l'enfance.

Le poids des répétitions

Pour le psychologue et spécialiste de la communication verbale et non verbale Joseph Messinger, certains mots, phrases ou maximes répétés de manière récurrente, énoncés sous l'emprise d'une émotion forte s'impriment et conditionnent les comportements. À force, la répétition se banalise et se transforme en

Le tableau des fausses croyances

Faites une liste écrite des pensées qui vous guident et que vous jugez négatives et transformez-les en pensées plus rationnelles. S'il vous est difficile de le faire, discutez-en avec les personnes de votre entourage afin de les confronter à une autre réalité, à une autre façon de voir les choses. Pour vous aider, vous pouvez remplir un tableau qui permet de mettre en évidence comportements et pensées et sur lequel vous pourrez vous appuyer pour les modifier.

Comportement anxieux	Pensée automatique ou fausse croyance	Pensée rationalisée	Comportement apaisé
Mon enfant ne se préoccupe pas de moi depuis qu'il est rentré de l'école.	J'ai fait quelque chose qui l'a fâché, blessé, ou bien je n'ai pas été assez présente…	Il est simplement heureux de rentrer à la maison et de retrouver sa sœur et ses jouets. Il est occupé, mais son attitude n'a aucun rapport avec moi.	Grâce à cette nouvelle pensée, je me sens apaisée et je peux moi-même passer à autre chose.

suggestions négatives de type hypnotique. Les émotions véhiculées verbalement sont positives ou négatives, gratifiantes ou dévalorisantes, stimulantes ou démotivantes. Le poids des croyances sera fonction de ces répétitions et de l'impact émotionnel qu'elles auront eu sur l'enfant.

Un diagnostic utile

Pour ne pas être dans la reproduction inconsciente d'un mode de fonctionnement sans réflexion personnelle sur ce que l'on souhaite transmettre réellement à ses enfants, il est important de ne pas reproduire sans se questionner et de ne pas agir en opposition trop forte. Prendre conscience du poids de notre héritage permet de s'en libérer. Une discussion ouverte dans le couple ou avec des amis sur l'autorité permet de mieux comprendre les héritages et de faire des choix éducatifs plus cohérents, car concertés ou choisis.

Quiz

Quel est votre héritage en matière d'autorité ?

Quels héritages de l'enfance ont construit votre autorité d'aujourd'hui ? Avez-vous un tempérament naturellement autoritaire ou plutôt permissif ? Pour le savoir et ajuster votre comportement, faites le test.

1. Vos parents avaient la main plutôt :

a. Leste, ils la levaient souvent.

b. Légère, vous avez rarement pris une gifle.

c. Douce, vous n'avez eu que des caresses.

d. L'un douce et l'autre pas.

2. Vous diriez que vos parents étaient :

a. Justes.

b. Trop stricts.

c. Coulants.

d. L'un sévère et l'autre pas.

3. La valeur première qui vous a été transmise ?

a. La liberté.

b. L'exigence.

c. La tolérance.

d. Le dialogue.

4. Votre environnement familial a été, selon vous :

a. Stable.

b. Sécurisant.

c. Tendu.

d. Étouffant.

5. Vous symboliseriez l'autorité que vous avez reçue par :

a. Des béquilles qui vous aident à mieux marcher.

b. Des ailes qui vous ont permis l'envol.

c. Une prison qui vous contraint encore aujourd'hui.

d. Un vêtement trop serré qui vous a bridé(e).

6. La phrase de Mai 68 « Il est interdit d'interdire » est pour vous :

a. Une règle de vie centrale.

b. Un principe important mais qui ne concerne que l'adulte.

c. Une hérésie, nous devons respecter certaines contraintes.

d. Une règle qui, comme toutes les autres, a forcément des exceptions.

7. La principale fonction de l'autorité est de :

a. Brider l'enfant en lui ôtant sa liberté.

b. Libérer l'adulte et cadrer l'enfant.

c. Donner un cadre à la liberté de l'enfant.

d. Servir de dernier recours quand il y a l'amour.

8. Vous souhaitez pour vos enfants :

a. Une autorité douce comme celle que vous avez reçue.

b. La liberté dont vous avez manqué.

c. Un cadre de vie strict mais aimant comme vous l'avez eu.

d. Les cadres sécurisants qui ont fait défaut dans votre enfance.

9. Vous diriez que vous êtes naturellement :

a. Ferme.

b. Doux(ce).

c. Strict(e) sur certaines choses et laxiste sur d'autres.

d. Ambivalent(e) sur une même règle.

10. Pour vous, autorité et amour sont :

a. Opposés.

b. Aussi importants l'un que l'autre.

c. L'autorité est essentielle à la construction individuelle.

d. L'amour et le dialogue peuvent pallier l'autorité.

Résultats

Si vous tombez sur deux symboles, intégrez les deux et retenez la tendance majoritaire au final.

	1	2	3	4	5	6	7	8	9	10
a	▲/●	★	♥	♥	■	♥	♥	■	▲	♥
b	★	▲/♥	▲	★	★	★	▲	♥	♥	★
c	♥/★	♥/■	■	■	▲	▲	★	★	★	▲
d	★/■	★/■	★	▲	♥	■	■	▲	■	■

Si vous avez une majorité de ▲

Vous avez une tendance volcanique

L'autorité est pour vous une valeur centrale, elle vous a été transmise fortement et avec conviction. Elle est essentielle pour apprendre à l'enfant à vivre en société, lui enseigner l'exigence. Elle a également pour fonction d'octroyer à l'adulte des moments de liberté. Vous n'aimez pas beaucoup les exceptions aux règles, selon vous elles insécurisent et ouvrent la porte aux abus. Pour vous, mieux vaut un excès d'autorité qu'un excès de laxisme ; attention à ne pas trop brider la personnalité de votre enfant. Essayez l'humour et la valorisation, ils permettent de poser les cadres plus en douceur.

Si vous avez une majorité de ★

Vous avez une tendance passionnelle

Pour vous, aimer, c'est cadrer, c'est ce que vous avez appris et ce que vous appliquez. L'autorité permet de sécuriser les enfants, elle autorise également des libertés plus grandes entre les limites, elle favorise les échanges et les moments de qualité... Elle est le garant de l'apprentissage du respect de l'autre, essentiel pour bien vivre avec les autres. Vous savez bien doser tendresse, écoute et autorité. Vos enfants le comprennent bien, car vous leur octroyez le temps d'écoute et les moments de tendresse nécessaires pour les nourrir en confiance et en amour. L'autorité est ainsi vécue par vos enfants comme un acte d'amour constructif.

Si vous avez une majorité de ♥

Vous avez une tendance fusionnelle

Pour vous, l'autorité est négative, elle est inutile et violente. Vous la rejetez de manière massive, car vous l'avez subie enfant ou êtes fondamentalement en opposition avec l'idée d'« élevage » des enfants. Pour vous, l'émergence de la personnalité et de la créativité ne peut se faire que par le biais d'un amour inconditionnel et non contraignant. Vous acceptez de vos enfants de nombreux écarts, car, pour vous, leur bonheur immédiat ou leur épanouissement en dépendent. Vous pouvez toutefois contourner l'autorité et apprendre à vos enfants le respect de l'autre. Évitez de vous épuiser et tentez la récompense.

Si vous avez une majorité de ■

Vous avez une tendance pulsionnelle

Vous avez une autorité ambivalente, certaines choses vous agacent fondamentalement et vous font réagir vivement et d'autres pas. À certains moments votre cadre est très strict et à d'autres il est très contraignant. Vous rejetez une partie de ce que vous avez vécu et tentez de construire un modèle éducatif à votre image. Pour vous, l'amour prime l'autorité. Mieux vaut un excès de laxisme qu'un excès d'autorité. Pour l'enfant, il est pourtant essentiel que vous soyez fiable : pour cela, soyez au clair avec les règles essentielles et donnez-lui envie d'écouter, mais ne criez pas pour autant.

Telle mère, telle fille ?

« Ma fille Léa est plutôt d'un tempérament vif comme le mien au même âge, j'élève ma fille seule et pour poser le cadre j'ai souvent besoin de me référer à ma mère et à sa façon de faire. Nous sommes toutes les deux très fusionnelles, j'aime notre relation et j'ai du mal à prendre une décision qu'elle n'approuve pas, immédiatement j'ai l'impression de faire une erreur, de me tromper, alors que lorsque je suis de son avis, cela me rassure. »

Aurore (32 ans)

Des relations excessives

Le manque d'assurance peut naître de parents très critiques comme de certaines relations parent-enfant fusionnelles : de tels liens ne permettent pas au « moi » de l'enfant d'émerger, l'enfant ne s'affirme pas dans sa personnalité propre, mais dans l'ombre de l'autre ou dans la peur du jugement. Il peut être difficile dans ces conditions de poser un cadre ferme et clair. C'est ce que vit Aurore avec sa fille. Elle est mère mais est restée avant tout la fille de sa mère. Ce type de relation, s'il semble très rassurant, relève d'une forme de dépendance qui conduit l'adulte resté dans une posture d'enfant à éprouver de manière insidieuse et irrationnelle un sentiment de culpabilité, une impression confuse de mal faire s'il ne fait pas ce que l'on attend de lui, ou pire, ce qu'il pense qu'on attend de lui.

Une affection toxique

Pour les psychiatres, l'affection débordante qu'éprouve une mère pour son petit est normale et nécessaire… quand il est petit ; c'est la fameuse folie maternelle décrite par le psychanalyste anglais Donald Winnicott. Mais lorsque l'enfant grandit, cette attention se transforme parfois en intrusion constante, en autoritarisme forcené qui cherche à tout contrôler. Un parent étouffant n'arrive pas à s'adapter à l'évolution des besoins de l'enfant. Il va être à l'écoute de ses propres désirs plus que des désirs de l'enfant, même s'il pense les anticiper ou les combler. Il est important que l'enfant apprenne à exprimer ses besoins, à gagner en autonomie et à cheminer ainsi vers lui-même et ses goûts, vers son identité propre.

Le vrai et le faux self de Winnicott

Le faux self expliqué par le psychanalyste Donald Winnicott est le résultat d'une construction infantile formatée par les comportements parentaux. Par peur de ne pas être aimé ou reconnu, par envie de faire plaisir, l'enfant s'habitue à refouler certaines parties de sa personne, ces parties écartées sont des parties du moi, le « moi perdu ». La personnalité que l'enfance va alors progressivement dessiner développera les qualités qui procurent de l'affection, de l'appréciation, pour laisser de côté ce qui va provoquer rejet et désapprobation : c'est ce que l'on nomme le « faux self » ou le « self social ». Le vrai self incarne le potentiel créatif de chaque individu : c'est la confiance en soi, l'assurance, la stabilité, l'équilibre affectif et le bonheur d'être soi. Le faux self représente une identité de substitution symbolisée par le désir d'exister à tout prix aux yeux des autres ou au contraire par un manque d'assurance flagrant.

Un schéma d'incapacité

Certaines personnes sont dans un schéma global d'incapacité, ce qui les plonge fréquemment dans la culpabilité. Mais comment pourrait-il en être autrement si le vrai self n'a pas réellement pu se développer ? Elles se font des reproches à la moindre chose, s'interrogent mille fois avant d'agir, demandent l'aval des autres avant de décider et confrontées à leur enfant elles font de même.

Les critiques qu'elles se font proviennent du sentiment de ne pas être à la hauteur. Cet autre, que ce soit le conjoint, un ami, ou le regard qu'elles posent sur elles-mêmes, n'est autre que la représentation d'une figure parentale exigeante, directive, laissant peu de place à l'émergence de l'individualité.

Un regard invisible

Le parent ou, de manière plus générale, l'adulte qui n'ose pas refuser, ne sait pas dire non, se croit obligé et qui se laisse culpabiliser, accuser ou qui s'autoflagelle est toujours dans une forme de réaction au regard parental. C'est, comme l'explique l'analyse transactionnelle, l'enfant qui réagit et ses yeux qui observent la situation. L'important est de changer de regard, de solliciter l'adulte ou le parent qui est en soi plutôt que l'enfant. Si l'on parvient à mobiliser l'adulte en soi et son regard objectif, on agira de manière appropriée.

Les transmissions incestuelles

Un enfant qui a grandi dans un climat incestuel, c'est-à-dire sous l'emprise mentale de ses parents, restera cet enfant soumis à leurs désirs intérieurs et à leurs critiques, fussent-elles muettes. Un enfant qui a vécu le chantage affectif, qui a appris à vivre pour son parent, pour lui faire plaisir, porte le poids du bonheur parental, grandit dans un climat incestuel. Il se retrouve à une place qui n'est pas la sienne, il va développer un sentiment de responsabilité et de culpabilité exacerbé.

Une conquête de soi

Un parent qui a été étouffant a certes maintenu son enfant dans un certain confort physique, mais aussi psychique. Il lui a épargné en effet le risque d'avoir à se déterminer seul. En allant au-devant de ses désirs, en le comblant avant qu'émane de lui la moindre demande, en étant intrusif, comme nous l'avons vu, il n'aide pas l'enfant et donc l'adulte en devenir à dessiner les contours de sa personnalité. Souvent ces enfants sont anxieux, ils ont du mal à savoir ce qu'ils veulent, leur identité est peu définie. Devenus adultes, ils ont tendance à ne pas être affirmés, à se conformer pour être aimés, à satisfaire les désirs des autres avant les leurs, à se mettre dans des relations de dépendance.

Pour le parent qui a du mal à s'autodéterminer dans ses décisions éducatives, renoncer à être l'enfant idéal qui comble sa mère est une étape importante pour accéder à son autonomie d'adulte.

Mon père, ce militaire !

> **« Mon père était un vrai tyran domestique ! Nous, les quatre filles, nous devions être tirées à quatre épingles, avoir des cahiers parfaitement tenus, avoir des chambres impeccables, nous tenir à table droites comme des i, rendre service et très vite savoir faire tout ce qu'il fallait faire à la maison, cuisine, ménage, repassage, couture... J'ai été élevée à l'ancienne et cela m'a profondément marquée et souvent gâché la vie, je n'arrivais à être satisfaite de rien ! »**
>
> Bénédicte (53 ans)

Un héritage difficile

La culpabilité est souvent liée à une exigence extrême qui trouve son siège dans une transmission elle-même trop exigeante. Face à des parents qui ne valorisent pas ou peu leur enfant, qui demandent toujours mieux ou toujours plus, qui conditionnent leur amour aux réussites de leur enfant, les enfants s'inscrivent dans une insatisfaction permanente, dans cette quête quotidienne de perfection si bien décrite par le psychiatre Frédéric

Fanget dans son livre *Toujours mieux ! Psychologie du perfectionnisme*. Il est nécessaire d'identifier les phrases « gimmicks » qui peuvent être nuisibles pour les transformer, les positiver.

Les schémas de pensée selon les TCC

Pour les thérapies comportementales et cognitives (TCC), les croyances ou pensées irrationnelles sont à la base des symptômes ou des problèmes fonctionnels de l'individu. Albert Ellis, psychanalyste de formation et psychothérapeute autoproclamé, fut le premier à rattacher nos comportements à nos pensées. Pour lui, nous adhérons tous à un système de croyances et de valeurs apprises dans l'enfance qui conditionnent nos manières d'agir. Le psychologue américain Jeffrey Young a même dégagé des schémas intérieurs directement hérités de ces croyances. Pour les thérapies comportementales et cognitives, le but premier de la thérapie est d'aider la personne à modifier ses fausses croyances, ses pensées irrationnelles afin de changer ses comportements.

Des pensées à modifier

Pour dépasser cet héritage et comme le conseillent les thérapeutes comportementalistes, il est important d'identifier les pensées erronées et de tenter de les modifier par des pensées adaptées afin de supprimer l'anxiété ou la culpabilité. Ces pensées sont des fausses croyances héritées de l'enfance. Par exemple : « Ce n'est pas parce que j'ai mal réagi une fois avec mon enfant que je suis une mauvaise mère, l'erreur est humaine et être une mère parfaite n'est ni possible ni souhaitable. » Il est important d'identifier la ou les pensées récurrentes pour la ou les remplacer par des pensées plus rationnelles.

De fausses croyances

Il s'agit des phrases qui sont de l'ordre du « toujours » ou du « jamais », celles qui pointent les incompétences, celles qui sont des ordres intérieurs qui brident la personnalité ; des phrases qui déclenchent des automatismes, des modes d'action qui nous semblent incontournables et qui nous plongent dans un profond malaise si nous ne les respectons pas ! Chaque fois que l'on agit comme téléguidé et que l'on se sent anxieux ou coupable à l'idée d'agir autrement, il y a fort à parier qu'une pensée irrationnelle en est la cause. Une fausse croyance qui apparaît pourtant comme une vérité pour la personne qui ne l'a pas remise en question.

La meilleure amie

Il est parfois plus simple de sortir du système de la culpabilité en imaginant les conseils que l'on pourrait donner à une amie pour faire face à ses doutes. Idéalement, noter par écrit tout ce que l'on pourrait dire pour ensuite le relire un peu plus tard. Le conseil est alors le meilleur que l'on peut recevoir puisqu'il émane de nous !

Un usage du pouvoir inefficace

À reproduire un schéma autoritariste, sans le questionner, certains parents se trouvent aux prises avec des enfants encore plus rebelles. Si certains enfants se plient à un excès d'autorité, d'autres se révoltent. La règle d'or est donc de ne pas confondre autorité et pouvoir. Si le parent en appelle à la force, secoue l'enfant en le prenant par le bras, lui donne une fessée, il n'est plus dans l'autorité mais dans le pouvoir. L'enfant se soumettra tant qu'il est faible. Mais quand il sera plus fort, il pourra devenir un adolescent révolté. De même, il ne faut pas confondre « être autoritaire » – qui suppose que l'on demande toujours quelque chose, que l'on est rigide – et « avoir de l'autorité » – qui est plus de l'ordre du partage, du respect, de la relation de confiance.

Une autorité naturelle

Les adultes ont naturellement du pouvoir sur les enfants. En général, ils sont plus malins, plus expérimentés, plus forts, plus séducteurs. Or, lorsque l'on est le plus fort, il faut être capable de se priver de cet atout pour davantage être dans la compréhension de l'enfant. Comme nous l'avons vu, avant tout, les parents doivent également bien doser leur apport en amour, sachant tout de même que l'avidité de l'enfant est grande. L'enfant ne s'estime jamais assez aimé, même si parfois il l'est au point d'être étouffé. En fait, il revient aux parents d'assurer une sécurité à leur bambin... Une sécurité faite d'amour inconditionnel et d'autorité mesurée.

Un cadre mesuré

L'autorité est un contenant psychologique dans lequel l'enfant doit être en sécurité, sans excès ni insuffisance. Il doit y trouver des limites rassurantes. Les parents trop autoritaires pensent bien faire. Ils veulent donner les meilleures chances dans la vie à leur enfant, lui apprendre à respecter l'ordre. Mais cela peut entraîner un comportement anxieux, triste, ou bien créer des troubles de conduite (oppositions) et des difficultés scolaires. Pour y remédier et se remettre en question, un regard extérieur est parfois nécessaire. Il faut écouter l'enfant, le comprendre et lui expliquer pourquoi on fait preuve d'autorité (quel est le danger auquel il s'expose : les voitures dans la rue...). Si l'autorité s'exerce trop fort et dans trop de domaines, l'enfant reçoit trop d'informations et ne peut y satisfaire.

Les risques du « j'interdis trop » et du « j'interdis peu »

J'interdis trop

- Si les interdits concernent surtout les éventuels dangers de la vie et de l'entourage, l'enfant sera craintif et/ou méfiant à l'égard des autres.
- L'enfant peut perdre confiance en lui, rencontrer des problèmes pour s'affirmer, être timide et avoir du mal à exprimer son point de vue.
- Il peut en naître des pathologies liées à trop de refoulement des désirs, des pensées, de peur d'être jugé.
- L'enfant peut se révolter plus tard.

J'interdis peu

- L'enfant sera confronté à des limites tôt ou tard, et ne comprendra pas qu'on ne lui cède plus.
- Il peut devenir grognon, chercher à tester les limites continuellement, ce qui fatiguera l'entourage.
- Il peut avoir une grande difficulté à choisir, car cela signifie devoir renoncer à l'un des choix.
- Ses exigences seront toujours plus importantes et ne le satisferont jamais.
- Il n'aura pas l'habitude de considérer le point de vue des autres et peut avoir des relations sociales complexes.
- Il refusera peut-être toute forme d'autorité, ce qui pourra donner lieu à des actes de malveillance.

Surtout pas comme ma mère !

« J'ai eu une mère très stricte et pas très affectueuse, j'en ai souffert et je souhaite être un "vrai" parent aimant et à l'écoute. Ma mère s'est sacrifiée pour nous élever, nous étions cinq enfants, du coup, elle était aigrie et dure. Pour elle la maison devait tourner, elle ne devait pas se faire déborder, mais se faire respecter et faire respecter les règles. J'ai toujours trouvé ma mère obtuse, aux prises avec des codes moraux rigides, oublieuse de l'essentiel et depuis l'enfance je déteste les cadres ! » Luc (45 ans)

Un rejet dangereux

Certains parents rejettent l'autorité parce qu'ils en ont souffert, parce qu'il s'agissait de pouvoir et d'autoritarisme. D'autres ont reçu de l'affection mais ont surtout retenu des souvenirs traumatiques liés à une autorité mal posée, ponctuellement excessive. Ils ont sans aucun doute manqué d'un attachement sécure stable, d'un climat affectif fiable et l'écart entre les gestes d'affection et les réactions d'autorité ont laissé en eux des marques d'instabilité. Naturellement, l'adulte va prendre le contre-pied de l'éducation reçue qui l'a fait souffrir. Il va donc écarter les comportements brusques, les excès d'autorité, jusque parfois être dans l'extrême inverse.

Une posture compensatoire

Le parent prend le contre-pied par peur que son enfant souffre comme il a souffert. Il souhaite lui éviter les mêmes tourments et lui donner le meilleur de lui-même, trop conscient des dégâts que cela a pu occasionner dans sa vie. C'est une position défensive, de compensation. Souvent, il s'agit de réagir à ce qu'il a vécu comme de la violence ou de l'indifférence lorsqu'il était enfant. Il est important de nuancer cette posture, car aucun extrême n'est bon. Comme on l'a vu, l'amour et le dialogue ne sont pas suffisants et les cadres sont nécessaires à condition de les poser avec justesse (voir les actes 5 et 6).

Un refus de l'autorité

Lorsque le parent ne parvient pas à poser le cadre parce que intérieurement il s'y refuse et que tous les discours ne parviennent pas à en apaiser sa perception, il est important, après ce constat, de réagir en sollicitant l'intervention d'un tiers (conjoint, personne de confiance…) qui pourra aider à identifier les blocages inconscients et les croyances qui en sont la cause. Il doit ensuite tenter de réinvestir son rôle de parent « élevant » en tentant de se rappeler qu'une juste autorité est un acte d'amour, un acte qui élève l'enfant à une vie intérieure et relationnelle meilleure. Enfin, il est important que le parent informe son enfant de son changement d'attitude et des raisons de cette nouvelle façon de faire.

Le risque de l'enfant thérapeute

Enfant pansement ou enfant thérapeute, certains parents attendent de la relation parent-enfant qu'elle répare leur propre enfance. Ils vont vouloir lui faire vivre l'enfance qu'ils n'ont pas eue. Ils vont attendre de lui l'affection et l'attention qu'ils n'ont pas reçues. Certaines mères en arrivent à ne plus avoir d'autre centre d'intérêt, à n'être que des mères. Les autres secteurs de vie (travail, amour) ont souvent été décevants, ou désinvestis. Cela place le parent en posture d'enfant malade et l'enfant en posture d'adulte thérapeute. Or, pour grandir en s'épanouissant, l'enfant a besoin de rester à sa place et d'être accompagné dans ses acquisitions et ses apprentissages par un parent adulte, qui parvient à être à la juste distance relationnelle et qui arrive au juste équilibre entre amour et autorité.

Un parent trop cool

« J'ai vu ma mère se faire déborder en permanence, elle s'est même fait frapper par mon frère à l'adolescence. Je me suis toujours promis de ne pas être molle comme elle, de ne pas reproduire ce schéma. Elle voulait bien faire, mais nous, nous étions perdus, nous ne savions pas comment nous comporter et cela me donnait le sentiment de ne pas être bien stable sur mes pieds, bien affirmée dans mes positions. Avec mon fils, j'ai parfois même tendance à être trop dure. J'ai peur de faire comme elle et j'ai également peur d'être trop stricte. » Marianne (39 ans)

Une quête de perfection

La mère de Marianne voulait bien faire, donner le meilleur d'elle-même quitte à autoriser trop de choses, à se faire déborder par ses enfants. Lorsque les actes, les comportements éducatifs d'une femme sont soumis à sa quête de mère idéale, elle est l'objet d'une anxiété ou d'une culpabilité récurrentes. L'excès d'attention qu'une telle mère accorde à ses enfants a plusieurs conséquences néfastes sur son épanouissement. Comme on l'a vu, le fait d'anticiper les désirs de l'enfant conduit ce dernier à ne pas avoir d'envies par lui-même, à ne pas exprimer de goûts qui lui sont propres et à ne pas supporter la frustration, ce qui ne le prépare pas à la réalité, à une vie faite de frustrations.

Un poids culturel

La grossesse, le sentiment d'être responsable d'une vie pendant neuf mois est une responsabilité physiologique ancrée dans le corps de la femme qui s'ajoute au poids de la responsabilité culturelle. L'instinct maternel, cette responsabilité qu'elles ressentent vraiment, pèse sur les mères. Elles sont encore en charge de cette responsabilité sociale que sont l'éducation, l'intendance des enfants. Elles se sentent souvent écartelées entre leurs différentes fonctions : professionnelle, maternelle, conjugale. Elles ont souvent l'impression de courir en tous sens et s'épuisent ainsi aux dépens d'une sérénité dont toute la maisonnée pourrait bénéficier. Alors, elles lâchent sur le plan éducatif, par fatigue, elles cèdent au répit immédiat, alors que la qualité et la quiétude familiales passent par une autorité bientraitante qui pose le « non » quand et comme il doit être posé.

Une petite minute !

Quand on est pressé de questions par les enfants, difficile de différer les réponses. Interviennent la culpabilité, le sentiment de ne pas faire ce qu'il faut, de ne pas dire ce qu'il faut. Or, on peut dire à l'enfant : « Je te réponds un peu plus tard, dans une petite heure, quand j'aurai fini ce que je suis en train de faire, quand je serai vraiment disponible pour te répondre correctement. »

Un regard social difficile

Le regard que la société porte sur les mères est bien différent de celui posé sur les pères. Il est plus dur et plus exigeant. Même si les femmes ont acquis une nouvelle liberté, de nouvelles responsabilités professionnelles, elles n'ont pas le droit de démissionner de l'essentiel : leur maternité ! Ce regard ne fait qu'accroître la pression qu'elles ressentent et l'épuisement dont tout le monde peut pâtir. La femme se juge sur ce qu'elle ne fait pas correctement, sur le « comment » elle aurait pu mieux agir. Cela conduit certaines femmes à être dans la culpabilité, l'épuisement et le sentiment d'échec permanent, état qui se répercute sur la cellule familiale. La nouvelle génération de pères – plus tendres, plus aimants, plus présents – est au contraire extrêmement valorisée socialement, le regard porté sur eux est positif au moindre acte ou lorsqu'ils sont bien présents.

Une maternité sacrifiée

Certaines femmes sont tellement aux prises avec leurs croyances, le poids de leur héritage, qu'elles ont du mal à exister pour elles-mêmes. Le sacrifice d'une carrière, un choix de vie dédié à l'enfant, est un cadeau empoisonné et une dette pour lui, qui va alors à son tour le porter comme une culpabilité très lourde, assortie d'une incapacité à rendre à sa mère le prix de son sacrifice. La mère sacrifiée obéit à des diktats moraux, sociaux qu'on lui a inculqués, elle se fait souffrir et n'a pas toujours de ce fait les bonnes conduites éducatives. Là encore, elle ne s'est pas défaite de l'« enfant intérieur » (voir le « moi enfant », p. 55), n'a pas fondé sa propre vision de l'éducation. Cela dit, ce n'est pas toujours évident sans une thérapie, au moins quelques séances courtes peuvent se révéler utiles pour dépasser ce cap. Pour modifier les fausses croyances, les pensées automatiques, réfléchir à sa propre vision d'une éducation exempte de l'influence parentale et passer d'une certaine manière de l'enfant que l'on est encore par moments à l'adulte éduquant.

Vive la désobéissance !

Soyons insoumises à nos ordres intérieurs, à ce qui nous empêche de prendre du temps pour nous, de paresser au lit le dimanche matin, d'aller chez l'esthéticienne un samedi après-midi, de refuser un déjeuner familial, de déléguer au papa un rendez-vous avec la maîtresse... Offrons-nous ce que l'on pourrait voir comme des petits écarts de conduite et qui ne sont en réalité que la préservation d'une qualité de vie personnelle, une soupape utile pour nous régénérer, pour pouvoir être en paix avec soi et les autres.

Notes

Acte 4

Père-mère : le choc des cultures

Comme nous l'avons vu, l'héritage familial nous conditionne à agir selon les règles et les croyances qui nous ont été transmises. Or les héritages des deux parents sont forcément différents. Cela peut créer une instabilité des règles et des difficultés à poser l'autorité.

La rencontre de deux histoires

« Je n'y peux rien. Je n'ai pas d'autorité naturelle. Je suis comme ma mère et ma mère était comme ma grand-mère. Dire non aux enfants a toujours représenté, pour les femmes de notre famille, une épreuve terrible. Pour ma part, dès qu'il s'agit de lever le ton sur Léandre, mon fils de 9 ans, je ressens comme un blocage. Mon conjoint s'y colle à ma place. C'est comme ça... » Sylvie (37 ans)

Un héritage à identifier

Existerait-il, dans la famille de Sylvie, une hérédité éducative ? Un « c'est comme ça dans cette famille » ? Non, ce n'est pas « comme ça », rien n'est « comme ça » dans la vie. Le fatalisme pur n'existe pas... Il n'y a pas de parents naturellement permissifs ou naturellement autoritaires. Il y a juste des pères et des mères composant avec un héritage, avec des valeurs transmises qu'ils imitent ou rejettent. Cela crée un conditionnement à être plus laxiste, plus autoritaire ou plus hésitant dans la manière de poser les cadres. L'important est de s'interroger sur les héritages reçus par chacun, de les comprendre, de les confronter et de les concilier. Plus simple à dire qu'à faire...

Une mémoire inconsciente

Cet héritage fonctionne comme une mémoire individuelle inconsciente. Une mémoire qui nous pousse parfois à mettre en place des stratégies qui nous échappent, qui se heurtent aux stratégies également inconscientes du conjoint. Elles peuvent être incohérentes, parce que guidées, comme nous l'avons vu, par les fragilités de l'enfant que chacun a été. Elles peuvent être préjudiciables à l'affirmation de la personnalité et de l'autorité. Face au vécu infantile, il y a deux types de réactions : la répétition conforme du schéma transmis et le contre-pied de l'éducation reçue. Quoi qu'il en soit, l'important est de repérer et de comprendre les héritages de chacun et les divergences entre les transmissions de l'un et de l'autre. Ce n'est pas un travail de deuil mais un travail d'analyse de sa filiation et de remise en question de soi.

Deux héritages à démêler

C'est Freud qui fut sans doute l'un des premiers à pointer du doigt cet héritage. Il soulignait l'importance pour chacun d'entre nous de se détacher de l'autorité de ses parents pour cheminer vers un développement personnel, accéder à son épanouissement. Un travail sur soi difficile et souvent parsemé d'embûches. Car certaines transmissions sont très fortes, certaines imitations totalement inconscientes, certaines convictions complètement conditionnées par le discours entendu. Devenir parent, c'est vivre et composer avec l'enfant que nous avons été, avec les parents que nous avons eus, avec l'admiration que nous leur avons vouée, avec les reproches que nous leur adressons, avec le parent que nous souhaitons devenir.

Les modèles éducatifs

Il existe deux modèles éducatifs très souvent reproduits. D'abord, le modèle autoritaire, qui est un modèle traditionnel et hiérarchique. Fondé sur le pouvoir et le savoir, il s'appuie sur les punitions, les châtiments corporels, les interdits incessants et la peur. Si les résultats d'une telle éducation semblent en surface plutôt efficaces (enfant poli, bon élève, serviable), en profondeur l'excès de règles imposées perturbe la personnalité de l'enfant et favorise la multiplication des manifestations d'angoisse et de manque de confiance. Et puis, il y a le modèle permissif où l'enfant décide seul à peu près de tout. Ici, tout lui est proposé, rien ne lui est imposé. Épanoui extérieurement, mais intérieurement angoissé, l'enfant choisit pour la famille le contenu du repas, les heures du coucher, les programmes de télévision... Il est livré à lui-même, alors qu'il ressent le besoin d'être encadré pour se sentir rassuré.

Une réalité complexe

Cette réalité explique qu'il n'est pas rare que les parents ne soient pas d'accord sur la manière d'élever leurs enfants. Les oppositions peuvent être liées à l'adoption de deux systèmes complètement différents comme à des divergences plus ponctuelles sur certaines exigences spécifiques. Certains parents sont très stricts sur l'ordre qui doit régner à la maison et moins sur le respect qu'on leur doit, d'autres sont souples sur l'heure du coucher mais pas sur le reste. La manière de poser les cadres peut également prêter à discussion, certains punissent, d'autres pas. Enfin, les divergences peuvent également porter sur un enfant en particulier, parce qu'il réveille chez les parents des blessures personnelles, montre des limites ou révèle un trait de caractère difficile à accepter pour le conjoint.

Quiz

Quel est votre modèle éducatif ?

Êtes-vous confrontés à de nombreuses divergences sur le plan éducatif ? Vivez-vous de nombreux litiges, de nombreuses tensions liés aux enfants ? Parvenez-vous à prendre des décisions concertées ou au contraire avez-vous tendance à vous arc-bouter sur vos positions ?

1. Au sein de votre couple, vos principes éducatifs diffèrent :

a. Parfois.

b. Presque jamais.

c. Toujours.

2. Quand il s'agit de punir, vous n'êtes pas d'accord :

a. Sur le mode de sanction.

b. Sur le principe même de la sanction.

c. Sur la manière dont la sanction intervient.

3. Le comportement éducatif de votre conjoint :

a. Vous agace souvent.

b. Vous énerve ponctuellement.

c. Diffère du vôtre, mais vous en acceptez les différences.

4. **Vous vous sentez obligé(e) d'intervenir :**

a. Régulièrement.

b. En permanence.

c. Jamais.

5. **Depuis que vous êtes parent, votre regard a changé sur votre conjoint :**

a. Oui, en positif.

b. Oui, en négatif.

c. Non, pas vraiment.

6. **Pour vous, les différences éducatives sont :**

a. Normales et constructives.

b. Insupportables et source de tensions.

c. Inacceptables et destructrices.

7. **Vous parvenez à discuter d'éducation :**

a. Rarement.

b. Jamais.

c. Fréquemment.

8. **Vous pensez qu'éduquer ensemble, c'est :**

a. Accepter les divergences et rester souple.

b. Faire des concessions et se remettre en question.

c. Transmettre ce qui vous semble essentiel avant tout.

9. **Les tensions familiales sont :**

a. Fréquentes.

b. Permanentes.

c. Ponctuelles.

10. **Pour améliorer les choses, vous êtes prêt(e) à :**

a. Lâcher sur certains points, en discutant, mais pas sur les points essentiels pour vous.

b. Prendre en charge toute l'éducation, vous ne pouvez pas lâcher sur ce qui est votre essentiel : vos enfants.

c. Laisser faire votre conjoint quitte à en ressentir de la frustration et du ressentiment.

Résultats

	1	2	3	4	5	6	7	8	9	10
a	★	★	▲	★	♥	♥	★	♥	★	♥
b	♥	▲	★	▲	▲	★	▲	★	▲	▲
c	▲	♥	♥	♥	★	▲	♥	▲	♥	★

Vous avez une majorité de ♥

Vous vivez un accord conjugal souple

Vous avez certainement des divergences dans votre manière d'envisager l'éducation de vos enfants, mais globalement vous trouvez des terrains d'entente, discutez parfois, lâchez sur certains points et pas sur d'autres. Si vous ressentez des tensions liées aux enfants, elles sont plutôt ponctuelles et ne remettent pas en cause vos principes éducatifs fondamentaux. Les héritages, bien que différents entre vous, ont su avec le temps trouver des ponts, et, si vous rencontrez des soucis d'autorité, ils sont sans doute soit liés à des principes éducatifs inadéquats plutôt qu'à un défaut de concertation, soit au fait que vous êtes tous deux aux prises avec les mêmes fragilités intérieures, les mêmes soucis de réparation ou les mêmes souhaits d'éducation (voir les actes 2 et 3).

Vous avez une majorité de ★

Vous traversez des tensions quotidiennes désagréables

Vous n'êtes pas d'accord sur de nombreux points et cela crée des tensions régulières avec les enfants, en famille et entre vous. Cela est d'autant plus difficile que vous avez du mal à en parler et à trouver un terrain d'entente. Vos attentes et vos réactions éducatives sont différentes, elles sont le résultat d'une éducation reçue, intégrée et que vous souhaitez transmettre. Cela dit, vous aimeriez réduire les tensions conjugales en tentant de trouver de nouvelles convergences de vues entre vous et votre conjoint. Peut-être qu'en identifiant certains dysfonctionnements infantiles, de l'un comme de l'autre, vous parviendrez chacun à gagner en souplesse et en compréhension, ce qui vous permettra de mettre en place de nouveaux cadres plus concertés. Si vos difficultés butent sur le mode de gestion de l'autorité, les prochains actes vous aideront.

Vous avez une majorité de ▲

Vous rencontrez des difficultés de concertation aiguës

Vous avez probablement des héritages aux antipodes ou des manières de réagir à ce qui vous a été transmis qui s'opposent. Soit le vécu de l'un et/ou de l'autre a été difficile et il en a émergé une volonté tenace d'en prendre le contre-pied, soit au contraire l'héritage a été tellement fort ou inscrit dans une tradition culturelle qu'il ne permet pas de le remettre en question. Bref, autour de l'autorité se joue bien plus que le fait de poser des cadres : se jouent les valeurs à transmettre et celles sur lesquelles on ne veut pas lâcher, et plus globalement, le sens que l'on donne à sa parentalité et donc l'incapacité à lâcher. Les conflits sont d'autant plus âpres que les convictions sont fortes et la capacité à se remettre en question difficile. Ce livre peut faire légèrement bouger les lignes, mais lorsque l'individualité même refuse le mouvement, la meilleure solution qui s'offre au couple est une thérapie familiale, avec un tiers pacificateur.

Nos principes éducatifs diffèrent

« Depuis la naissance de nos enfants, la plupart des tensions qui agitent notre couple tournent autour de leur éducation, nous découvrons au fil du temps les points d'achoppement et il n'est pas rare que nous campions sur nos positions, tellement elles sont fortement ancrées en nous, tellement la transmission de certaines valeurs nous semble essentielle, fondamentale, constitutive de ce que l'on est et d'un héritage auquel on tient. » Alicia (32 ans)

Les divergences de points de vue

Les différences sont souvent vécues comme un souci et, de fait, au quotidien elles peuvent l'être. Toutefois, ces divergences sont plutôt une bonne nouvelle, le signe qu'il n'y aura pas une méthode unique, régie par une pensée unique. Lorsque les points de vue se confrontent, ils s'enrichissent, ils permettent d'avancer sur soi, sa propre histoire, mieux qu'un consensus. Trouver une logique éducative ne veut donc pas dire, penser ou ressentir la même chose que l'autre, c'est au contraire s'exprimer avec authenticité dans son ressenti, dire ce qui importe, ce qui gêne, ce que l'on souhaite, afin d'échanger et d'avancer de manière constructive. Cela n'est pas toujours simple parce que les adultes ont tendance à adopter des principes éducatifs à l'opposé de ce qu'ils ont vécu, parce qu'ils en ont souffert. Or, une posture liée à la souffrance est plus difficile à bouger qu'une posture d'imitation tranquille.

Les mécanismes de compensation

S'ils ont souffert du laxisme ou de l'autoritarisme de leurs parents, ils vont adopter une position inverse et souvent fortement inversée. Si chacun a grandi dans un schéma opposé, les possibilités de concertation deviennent compliquées. Chacun, à sa manière, est trop derrière l'enfant, à vouloir le comprendre, à tout tolérer ou au contraire à tout gérer alors qu'ils ont un but commun : rendre l'enfant autonome. Les relations parents-enfant sont le lieu par excellence où se jouent toutes les émotions les plus fortes et donc les réactions les plus disproportionnées. Les tensions quotidiennes deviennent facilement intenables et il n'est pas rare que certains cercles vicieux s'installent, des mécanismes relationnels systématisés, comme l'a expliqué Virginia Satir, la psychothérapeute qui a souligné la nécessité d'une thérapie familiale brève justement basée sur les systèmes relationnels sources de mal-être.

Un bilan concerté

Quand on est parent, il est important de prendre le temps de faire le tri. On peut lister, sur un cahier par exemple, les principes éducatifs dont nous avons hérité et que nous jugeons positifs et ceux que nous reproduisons et que nous considérons comme mal adaptés. On peut aussi répertorier tous les freins qui nous ont été transmis (manque de confiance en soi, culpabilité, etc.) et chercher à mettre en place des stratégies pour les dépasser. Dans un premier temps, chaque membre du couple peut faire cela de son côté, pour que cela soit ensuite la base d'une discussion concertée et positive. L'objectif étant de parvenir à appliquer un modèle « éclairé ». C'est-à-dire un modèle éducatif concerté, composé des convictions de chacun et libéré des dettes qui nous conduisent parfois à répéter des attitudes, des comportements, malgré nous.

Les automatismes de la pensée

L'éducation quotidienne est source de stress tant que les réactions sont trop émotionnelles. Le comportement de l'enfant ou du conjoint peut générer des peurs, de l'anxiété, des colères, des réactions excessives inscrites dans la construction individuelle de chacun. Selon l'hypothèse « cognitive » d'Albert Ellis, fondateur des thérapies cognitives, nos pensées augmentent nos réactions émotionnelles. C'est la manière d'interpréter une situation et non la situation elle-même qui provoque la réaction. Il est donc important de rendre conscients les automatismes de la pensée, les croyances en jeu quand il y a une émotion et les dialogues intérieurs qui se tissent mécaniquement. C'est en mettant au jour ces monologues intérieurs que l'on apprend à mieux penser les événements, à les relativiser, à mieux les vivre.

Identifier les croyances de chacun

Comment maîtriser certaines paroles qui sont elles-mêmes le résultat d'un héritage ? La première chose à faire est d'essayer d'identifier les croyances parentales qui instillent nos actes quotidiens et nos comportements parentaux. Quelles sont les phrases qui nous ont marqué et en quoi se rejouent-elles avec nos enfants ? La posture est-elle celle du rejet, de la répétition, de l'évitement ? Que pense l'adulte que nous sommes de ces croyances ? Sont-elles libératrices, positives ou négatives et enfermantes ? Jeffrey Young, dans son livre *Je réinvente ma vie, propose* un test pour identifier nos croyances négatives et des exercices concrets pour essayer de s'en défaire.

Les dialogues intérieurs

Comme le conseille Albert Ellis, il est utile de « disputer », discuter les croyances, les exigences intérieures afin d'apprendre à penser autrement l'éducation. La dispute peut commencer par un monologue intérieur sur papier si nécessaire : « Pourquoi ai-je tendance à réagir comme cela, quelles sont les pensées qui me poussent à agir ainsi, sont-elles justifiées, puis-je les remettre en question avec ma rationalité et imaginer une ou plusieurs autres croyances plus rationnelles, apaisantes ? » Si le monologue est difficile, on peut passer au dialogue « intérieur » avec un autre : un ami, un psy, le conjoint si les discussions avec lui sont faciles et les relations bienveillantes.

L'acceptation de réalités différentes

La réalité doit être prise en compte dans sa globalité : les différences d'héritage, les différences de personnalité, comme le fait que la responsabilité de l'éducation est l'affaire du couple parental. Tout cela implique une autre réalité, la nécessaire confrontation des divergences, l'utilité des discussions, voire des conflits. L'opposition est un langage, un moyen de communication essentiel à l'équilibre individuel, conjugal et familial. Les conflits sont utiles, car ils permettent de poser les limites individuelles de chacun pour mieux redéfinir les choix conjugaux et familiaux. Les parents vont pouvoir réaffirmer leur autorité, les enfants demander un peu plus d'attention ou de liberté. Le conflit, en redistribuant quotidiennement les rôles et les attentes de chacun, contribue à l'épanouissement individuel et donc à l'équilibre de toute la famille.

Le dialogue, garant d'équilibre

Toute forme de communication verbale permet d'avancer beaucoup mieux que les non-dits et les quiproquos. Même les discussions houleuses sont souhaitables, car elles permettent d'évacuer et de faire connaître un ressenti. Chaque membre du couple et de la famille peut ainsi exprimer ses besoins et poser des limites à ce qu'il accepte ou non. Le conflit est alors un moyen de se faire respecter et de vivre en harmonie avec les autres puisqu'en accord avec soi-même. Grâce à ces heurts quotidiens, la liberté et la place de chacun sont préservées. Le dialogue, même s'il est difficile, permet aux parents de prendre du recul et du temps pour discuter de l'éducation de leurs enfants, tant qu'ils tentent d'adopter des règles de base communes.

Nos croyances selon Albert Ellis

D'où viennent nos fragilités ? D'où viennent nos symptômes, nos bleus à l'âme, nos bobos psychologiques ? La légende raconte que quand on lui posait la question, Albert Ellis s'échinait à citer cette pensée revisitée d'Épictète : « Ce qui trouble les hommes, ce ne sont pas les choses mais les jugements relatifs aux choses. Par exemple, les espaces clos n'ont rien d'horrible en soi, mais qu'on les juge insupportables, comme le font les claustrophobes, voilà bien l'effrayant. » Toute sa vie, le psychologue américain s'évertuera à comprendre et à situer l'origine de nos phobies, de nos addictions, de nos psychoses, de nos dépressions, de nos troubles anxieux en les rattachant à nos croyances. Cela signifie que nous adhérons tous à un système de croyances et de valeurs développées et renforcées depuis notre enfance. Et ces valeurs nous perturbent, nous bloquent et parfois nous inhibent.

Prenons un exemple concret. Au point A se produit un événement : votre enfant pleure parce que vous l'avez puni. Au point C, vous vous sentez déprimé(e), vous avez rendu votre enfant malheureux. Vous croyez que A cause C. Vous vous dites en B : « Je ne sais pas rendre mon enfant heureux, je ne sais pas m'en occuper, je ne suis pas à la hauteur ! » C'est une erreur. Ici, C est causé par B, c'est-à-dire par votre croyance. C'est parce que vous croyez absolument que vous n'avez pas fait ce qu'il fallait, que vous n'êtes pas à la hauteur que vous vous sentez déprimé(e). En réalité votre enfant est triste parce qu'il a été puni et qu'il apprend la frustration, mais vous avez fait exactement ce qu'il fallait. En modifiant la fausse croyance et en se concentrant sur le positif de votre action, cela génère du soulagement.

Je crains d'être trop autoritaire

« Une dizaine années. Il m'aura fallu tout ce temps pour que je comprenne que l'autorité que j'exerçais sur mon fils n'était que le résultat d'un rejet… celui d'un modèle parental trop souple, trop laxiste. Mes parents ont appliqué un style éducatif caractérisé par le "tout permettre" et le "tout comprendre" le plus absolu. Si cela n'a pas trop mal fonctionné sur moi, sur ma sœur ce fut la bérézina. Tout lui est dû, elle vit toujours aux crochets de mes parents, refuse de travailler parce qu'ils ont, selon elle, assez d'argent pour lui offrir la belle vie, elle se drogue et passe son temps à dépenser plus d'argent qu'elle en a sans se soucier d'une autre personne qu'elle-même. Devenu père, je me suis promis de ne pas reproduire ce schéma avec ma fille, Léa. Et si j'en faisais trop ? » Florent (40 ans)

Une remise en question

Quelle que soit l'éducation reçue et même si on l'accepte pleinement, il est important de la remettre en question. « N'y avait-il pas des excès ? N'était-elle pas trop stéréotypée ? Le dialogue y avait-il sa place ?… » Il est également essentiel d'interroger la manière dont on rejette violemment une éducation. « Ne contenait-elle rien de bon ? Quels sont les dangers du contre-pied ? Les limites ne sont-elles pas utiles ?… » Parfois la remise en question n'intervient que lorsque des dégâts sont perceptibles chez l'enfant ou dans la famille. Lorsque l'excès d'autorité conduit à une inhibition, à un manque de confiance en soi, à une tristesse chez l'enfant ou au contraire lorsqu'elle décuple son agressivité.

Un travail sur soi

C'est parfois lorsque l'enfant est emmené chez le psy que se révèlent les héritages familiaux. C'est ce qui est arrivé à Florent. « Léa a connu des soucis d'inhibition... une espèce de timidité exacerbée. Son psy m'a expliqué, sans me culpabiliser, que je devais peut-être desserrer la vis, que mon autorité était peut-être trop réactionnelle, trop répressive, peut-être trop étouffante... J'ai décidé à mon tour de suivre une thérapie, pour me rendre compte, en effet, que l'héritage de mes parents pesait énormément dans mes choix et sur ma façon de poser les règles du quotidien. » La thérapie est parfois essentielle pour mettre au jour des fonctionnements automatiques, que le dialogue même efficace n'aurait pas permis de faire.

Une impasse à dépasser

Lorsque le dialogue n'est plus possible, que la posture de l'un ou de l'autre est trop statique, pour éviter de faire voler le couple en éclats, il est important de trouver un médiateur, ce peut être un ami neutre, mais souvent, le couple étant à un point de rupture, mieux vaut envisager de se faire aider par un spécialiste : l'unité de la famille et l'équilibre des enfants le valent bien ! Rien n'est plus destructeur que les non-dits et les querelles latentes. Accumulés au fil des ans, ils sont responsables de bien des souffrances et conduisent souvent à des discordes difficiles à résoudre. Derrière les tensions, on trouve des mécanismes individuels qui s'opposent mais qui ne sont pas toujours conscients.

Un utile regard sur son histoire

La parentalité est pour certains parents un moyen de réparer leur propre enfance. Outre les comportements à corriger dans le présent, des émotions qu'il est important de rattacher aux croyances et pensées automatiques, il y a une histoire parfois transgénérationnelle à observer, c'est-à-dire la manière dont les choses se sont construites, imbriquées dans le temps – le sentiment de culpabilité, le besoin de réparation qui a pu occasionner soit un trop grand laxisme, soit une vive autorité. Il ne faut pas oublier que l'enfant est en bout de chaîne de toute une histoire et que cette histoire donne sens à son présent et à ce qui anime ses parents.

Tout le monde devrait avoir recours à une thérapie comportementale, familiale, conjugale, transgénérationnelle... à sa guise ! Ne serait-ce que sur quelques séances pour être sûr d'avoir digéré le passé, identifié d'éventuelles difficultés, pour être sûr de choisir ce qu'il souhaite transmettre à son enfant.

Je lui reproche d'être trop laxiste

« Claire et moi passons notre temps à nous disputer à propos de l'éducation des enfants, je la trouve trop laxiste, elle me répond que c'est à moi en tant que père de poser l'autorité. Seulement, elle est à la maison avec nos quatre enfants et il m'est difficile d'intervenir dix fois par jour. Alors le week-end, je tente de poser le cadre, mais ils ont pris tellement de mauvaises habitudes que j'ai l'impression de passer mon temps à punir et à crier. De plus, Claire me renvoie l'image du tyran, de celui qui n'a aucune souplesse, en même temps qu'elle réclame plus de cadre. Bref, notre quotidien est très difficile. » Louis (46 ans)

La complémentarité rigide

Le conjoint qui a le plus d'autorité a peut-être eu des parents autoritaires et a choisi son opposé, un conjoint plus laxiste et vice versa. Il n'est pas rare qu'une personne ayant grandi dans un cadre strict cherche de la souplesse et que celle qui a grandi sans cadre recherche la sécurité de quelqu'un qui va décider pour elle, la guider. C'est ce que l'on appelle la « complémentarité rigide ».

Mais lorsque l'enfant paraît, cette répartition des rôles ne convient plus, car elle crée un trop fort déséquilibre. Il est alors souhaitable de travailler sur la relation conjugale en apprenant à mettre en place un dialogue constructif et respectueux de chacun. Cela est d'autant plus nécessaire qu'à l'intérieur du couple chacun veut compenser les réactions de l'autre. En voyant que le père est autoritaire, la mère, pour compenser, sera plus laxiste encore et vice versa.

Comment bien se disputer ?

1. Évitez autant que possible d'accumuler les contrariétés, cela vous évitera d'exploser.
2. Si quelque chose vous chagrine ou vous blesse, parlez-en sur le coup.
3. Quand vous avez une remarque à faire, préférez le « je » au « tu » accusateur.
4. Exprimez vos attentes et vos besoins de façon claire.
5. Évitez les insultes et les remarques blessantes.
6. Expliquez sincèrement, calmement et précisément comment vous vivez les choses.
7. Écoutez vraiment l'autre, en cherchant à comprendre ce qu'il ressent.
8. Ne coupez pas la parole à l'autre en pensant savoir ce qu'il a à dire.
9. N'oubliez pas qu'une critique est souvent bien mieux comprise quand elle suit un compliment ou une remarque positive.
10. N'hésitez pas à reconnaître vos erreurs et à vous excuser.

Des difficultés à éviter

L'enfant se sent perdu si on lui délivre deux messages contradictoires, il comprend très vite ce qu'il peut obtenir d'un parent et ce qu'il peut obtenir de l'autre, il prend conscience également très bien de ce sur quoi les difficultés se cristallisent. Il va donc faire ce qu'il faut pour obtenir ce qu'il souhaite, surfer sur les incohérences, miser sur le plus laxiste... Il est intelligent et va donc utiliser les stratégies qui fonctionnent pour obtenir ce qu'il veut, quitte à mettre ses parents en défaut, face à leurs oppositions. Certains enfants y parviennent mieux que d'autres, soit parce qu'un enfant a besoin de plus d'attention qu'un autre, soit parce qu'il ressemble tant à l'un des parents (c'est l'enfant miroir) que ce dernier ne peut s'empêcher d'agir différemment avec lui, de prendre sa défense envers et contre tout, quitte à créer des tensions conjugales.

Un accord à trouver

Idéalement, les parents doivent travailler à une cohérence éducative, à soutenir l'autorité de celui qui la pose et à ne pas le contredire devant l'enfant, quitte à en rediscuter ensuite. Ne pas se dédire devant l'enfant, c'est faire preuve de respect pour l'autre parent, mais également afficher pour l'enfant une cohérence éducative sans faille. Reste que, dans la réalité, il est impossible de ne jamais rencontrer de divergences synonymes de conflits ouverts. L'essentiel est d'insister sur le socle commun ; au-delà, chaque parent peut se laisser la liberté d'appliquer ses propres méthodes. Ainsi, l'enfant apprendra à distinguer la loi, identique pour chaque parent, et les moyens éventuellement différents de la mettre en place et de la faire respecter. Il est impératif de ne pas désavouer l'autre lorsqu'il exprime son interdit, de ne pas saper son autorité.

Comment améliorer notre communication ?

La CNV, un processus pratique en quatre étapes

La communication non violente (CNV) est un excellent moyen de communiquer efficacement dans le couple et avec les enfants, elle a pour objectif d'améliorer la qualité des liens relationnels quels qu'ils soient. Elle permet de mettre de la compréhension et du respect dans les échanges. C'est un exercice de bienveillance à l'égard de soi et de l'autre.

Pour Marshall Rosenberg, créateur de la CNV : « La violence est l'expression tragique de besoins non satisfaits. C'est la manifestation de l'impuissance et/ou du désespoir de quelqu'un qui est si démuni qu'il pense que ses mots ne suffisent plus pour se faire entendre. Alors il attaque, il crie, il hurle... » ; il peut également se murer dans le silence et l'agressivité larvée. La CNV a un fondement théorique : la bienveillance et la qualité de la connexion.

1. L'observation des faits (O)

Elle consiste à observer sans juger, à constater les faits sans émettre d'opinion ou d'interprétation. Ce qui est important, c'est de ne pas évaluer, de rester factuel, de ne pas accuser, de rester neutre dans le comportement et le ton de voix, de simplement décrire les faits. L'observation est un point capital dans la résolution des conflits, car elle fait la distinction entre ce qui est et ce que l'on pense. C'est un espace où le dialogue redevient possible. C'est l'interprétation et le ressenti qui en découlent qui vont engendrer de nombreux conflits. Exemple : « Tu es encore en retard » (jugement) et « Nous avions rendez-vous à 19 heures et il est 19 h 30 » (observation neutre). Le jugement véhicule des croyances, des émotions, des interprétations qui favorisent le conflit.

2. L'expression des sentiments (S)

Le mot « sentiment » englobe tous nos ressentis : les sensations physiques, les émotions et les sentiments. Ils sont souvent vécus comme des obstacles au bon fonctionnement alors qu'ils sont de formidables indicateurs de ce qui nous anime. Le ressenti doit être exprimé de manière neutre sans être dans l'accusation. Exemple : « Je suis fatigué de tes remarques perpétuelles » (ressenti accusateur) et « Je me sens triste, découragé » (ressenti neutre). Le dialogue s'ouvre sans le « tu » accusateur, pour permettre aux besoins de s'exprimer avec plus de bienveillance et moins d'agressivité.

3. L'expression des besoins (B)

Les sentiments ressentis proviennent des besoins non satisfaits. Il est important de distinguer les besoins fondamentaux des envies ou désirs. Il n'est pas toujours simple d'identifier derrière un ressenti des besoins. Exemple : « Tu es toujours en retard » (besoin non identifié), « Je ne me sens pas respecté lorsque je suis en attente, j'ai l'impression que tu n'es pas présent pour moi quand j'en ai besoin, à l'heure difficile » (besoin identifié). L'expression claire des besoins permet de diminuer le sentiment d'insatisfaction, de positionner la communication dans l'authenticité et de faire tomber l'agressivité.

4. La formulation d'une demande (D)

Faire une demande, c'est agir, être en action (A), prendre sa vie en main en étant à l'écoute de ses besoins et de leur satisfaction. La seule expression des besoins ne permet pas à l'autre de savoir comment les satisfaire. La demande, pour être bien formulée, doit respecter six critères. Elle doit être : **1.** précise (s'adresser à quelqu'un) ; **2.** dans l'instant présent ; **3.** concrète ; **4.** réalisable ; **5.** positive (sans négations) ; **6.** ouverte (laisser le choix). Exemple : « Serais-tu d'accord pour que nous prenions un moment pour discuter de mes soucis professionnels ? »

La CNV n'est pas simple à mettre en place, elle demande une véritable prise de conscience des mécanismes d'expression habituels, des croyances ou préjugés qui s'insinuent entre les faits et les réactions, l'identification des besoins fondamentaux et enfin la formulation d'une demande claire, ce qui n'est pas toujours simple. Cependant, elle permet avec beaucoup d'entraînement et de persévérance de modifier en profondeur et en qualité les relations aux autres.

Nous ne sommes d'accord sur rien

> **« Nous n'arrivons plus à nous parler, nous passons notre temps à nous disputer, à nous hurler dessus et les moments passés en famille sont infernaux. Les enfants sont terribles et nous ne cessons de nous jeter la pierre sur les raisons de cet état de fait. Nous avons envoyé notre fils le plus difficile chez le psy, pensant que cela réglerait notre difficulté à nous occuper de lui, mais cela n'a rien changé, nous ne savons plus quoi faire pour accorder nos violons. »**
>
> Laurence (41 ans)

Quand consulter ?

Il faut consulter à partir du moment où c'est l'escalade, où les demandes ont fait place à des reproches constants, où le dialogue est devenu impossible et lorsque la situation génère trop de souffrances. Cela est valable pour les conflits conjugaux comme familiaux. Les tensions internes, les blessures silencieuses, les phrases dévalorisantes peuvent avoir raison de l'équilibre individuel ou familial. Pour rétablir ce que nous avons de plus précieux, il est parfois nécessaire de prendre son courage à deux mains et de franchir le pas. Mais à qui s'adresser ? Il est important que chacun écoute ses besoins pour cela. Une thérapie brève, comportementale, transgénérationnelle... À vous de choisir ce qui vous conviendra le mieux.

Comment mieux communiquer ?

La thérapie de couple peut être un excellent moyen. Un couple devient stable à partir du moment où les deux partenaires arrivent à se remettre en question. Cela passe souvent par la dispute. Ce ne sera bénéfique que si l'on parvient à ne pas confondre ce qui relève de la demande et ce qui relève du reproche. C'est là l'objet d'une thérapie de couple : rétablir cet équilibre qui fait défaut, reconstruire un mode de communication où chacun pourra être entendu et exprimer ce qu'il a et ce qu'il veut. Il est essentiel que chacun apprenne à dire ce qu'il accepte de vivre en couple et en famille et ce qu'il refuse absolument. Les thérapeutes de couples ou les conseillers conjugaux ont une formation plus spécifiquement centrée sur la dynamique des couples et la résolution des oppositions.

Quelle thérapie choisir ?

La thérapie individuelle peut être indiquée si l'un des parents en éprouve le besoin, mais il est préférable que les deux aient une démarche thérapeutique, qu'elle soit individuelle ou conjointe. Il est important que les deux membres du couple se remettent en question. La thérapie de couple peut suffire, puisqu'elle permet de renouer le dialogue, d'identifier les besoins et les fragilités de chacun et qu'elle accompagne le changement individuel : elle aura forcément un impact sur la relation familiale. C'est le postulat de la créatrice de la thérapie familiale systémique, Virginia Satir. Pour elle, la famille est un système relationnel : un changement dans le système relationnel se répercute sur tous ses membres. En outre, pour elle, le couple est le cœur des difficultés parents-enfants. Lorsque le couple va bien, la famille va bien. Lorsque les parents parviennent à une posture bienveillante, commune et cohérente, lorsque l'affection et l'attention reviennent au centre de la famille, alors l'autorité n'est plus un problème.

Quand opter pour la thérapie familiale ?

Parfois la thérapie familiale est importante surtout lorsque les enfants ont grandi, elle est un lieu pour que la parole puisse à nouveau circuler. Les interactions entre les membres d'une même famille étant intimement liées, le but du traitement est d'aider chacun à se défaire de l'enlacement émotif dans lequel tous, dans nos familles, nous nous trouvons « enchaînés ». Il convient donc de ne pas hésiter à consulter à partir du moment où une situation nous échappe et se répercute sur toute la famille. À cet égard, il faut savoir que ces thérapies sont particulièrement efficaces et indiquées lors des adolescences difficiles.

Comment agir en cas de séparation ?

Il est important de dire à l'enfant que si le couple conjugal se sépare, le couple parental demeure et pour toujours ; que les parents, s'ils n'arrivent plus à s'entendre pour des raisons qui les concernent, aiment toujours leur enfant de la même manière et qu'ils continueront à l'aimer et à être présents pour lui. Les parents qui ont du mal à accepter la séparation peuvent se faire aider en consultant ensemble un médiateur familial, car il est essentiel qu'ils fassent la part des choses entre le couple conjugal et le couple parental. Bien que séparés, il reste important qu'ils conservent une cohérence éducative sur les fondamentaux, qu'ils ne sapent pas l'autorité de l'autre et qu'ils continuent à le soutenir. Cette unité parentale, même si les conjoints sont séparés, va rassurer l'enfant, qui va alors comprendre concrètement que le couple parental existe toujours. Si les parents se déchirent ou se critiquent sur le plan éducatif, l'enfant, outre le fait qu'il va en souffrir, ne manquera pas d'en jouer.

Attention au sentiment de culpabilité qui découle naturellement d'une séparation et qui conduit les parents à adopter des conduites hésitantes, à faire des cadeaux et à laisser des libertés parfois trop grandes pour compenser, et à en arriver d'un seul coup à une sévérité excessive parce que l'enfant est allé trop loin. Mais il est allé trop loin parce qu'on l'y a autorisé, parce que le parent était aux prises avec sa culpabilité. Se faire aider lors d'une séparation est un excellent moyen de passer le cap en douceur et en préservant l'équilibre des enfants.

L'enfant instigateur

Certains enfants en manque d'attention jouent sur les divergences entre les parents pour les obliger à s'occuper d'eux, certes, mais également pour les réunir. Il n'est pas rare qu'un enfant qui craint que ses parents se séparent multiplie les bêtises pour les voir se parler, se concerter, reformer un couple. C'est souvent l'enfant, finalement, qui conduit les parents à avoir recours à un thérapeute pour lui, et ils se rendent compte au final qu'eux-mêmes peuvent avoir besoin d'un petit retour sur le passé, d'une pause dans leur vie pour avancer sur eux-mêmes, d'une parenthèse pour transmettre en toute conscience.

Acte 5

Les clés d'une autorité juste

La réaction éducative est, comme nous l'avons vu, le résultat d'une éducation, d'une histoire, de conditionnements mais également de remises en question. Il y a ceux qui privilégient le dialogue, ceux qui refusent de se fâcher, ceux qui ont la main leste ou le verbe haut, ceux qui s'opposent à toute forme de punition ou de récompense…

Comment faire la part des choses entre une tendance héritée, intégrée et ce qui serait souhaitable pour les enfants ?

Comment éviter les pièges de la répétition ou du rejet de l'éducation reçue pour cheminer vers la juste autorité ?

L'interdit de la fessée

« Au départ, il me semblait que donner une petite tape, une fessée était un moyen simple, efficace d'obtenir ce que l'on souhaite de son enfant rapidement. Pas besoin de discuter des heures… Moi, j'en ai reçu et ça ne m'a jamais fait de mal ! Au fil du temps, j'ai réalisé que donner une tape se révélait de moins en moins efficace, que mon fils Matthias ne craignait plus cette sanction, à moins de véritablement lui faire mal. J'ai remarqué que cela déclenchait chez lui de l'agressivité et chez moi beaucoup d'anxiété et de culpabilité. Donc je trouve que le fait de l'interdire par une loi est une bonne chose, pour éveiller les consciences. »

Damien (36 ans)

Un interdit consacré par la loi

Le 29 novembre 2018, une loi interdisant les violences physiques et verbales a été adoptée par l'Assemblée nationale. Elle prévoit que « les enfants ont droit à une éducation sans violence. Les titulaires de l'autorité parentale ne peuvent user de moyens d'humiliation tels que la violence physique et verbale, les punitions ou châtiments corporels, les souffrances morales ». Ce texte a un double mérite : pointer tout type de punitions ou châtiments corporels, mais également interdire les mots humiliants ou blessants générant une souffrance psychologique chez l'enfant. Bien que moins évoqué, ce dernier point mérite également qu'on s'y penche. Mais revenons d'abord sur la répression physique.

Elle fait obéir à la violence et pas à la loi

Lorsque l'on frappe un enfant, la première chose qu'on lui apprend, c'est à frapper. On lui enseigne que pour obtenir quelque chose d'une autre personne, la violence est un moyen efficace. Il obéit à la violence et pas à la loi. Il n'apprend donc pas à respecter la règle, mais à s'incliner devant le coup. On lui montre qu'un plus fort peut faire acte de violence sur un plus faible. Or, l'enfant est un imitateur né. Et l'imitation est encore plus forte quand elle s'inspire des parents.

Enfin, on lui enseigne un principe exactement contraire à la morale la plus élémentaire : « Ne fais pas aux autres ce que tu n'aimerais pas qu'on te fasse. » Sur le plan idéologique, on transmet à l'enfant que la violence est un bien puisque c'est pour son bien que le parent est amené à lui donner une fessée. Pour certains, donner une gifle ou donner une tape, ce n'est pas la même chose. Mais en réalité c'est le principe qui est le même, on obtient quelque chose de l'enfant par la violence physique.

Les dangers sur le psychisme

Si un petit est régulièrement fessé pendant son enfance, il risque de devenir un de ces trois individus : le soumis craintif, qui ne remet jamais rien en cause et a peur de toute autorité, le rebelle, qui est incapable d'accepter les règles, ou celui qui a peur du jugement d'autrui. Dans les trois cas, il y a quelque chose de cassé chez une personne qui a connu la violence étant enfant.

Elle est contre-productive

La tendance à réagir par la répression physique est souvent le résultat d'une imitation. S'il s'agit parfois de réflexes à peine conscientisés, il n'en demeure pas moins essentiel de les mettre au jour tout en comprenant pourquoi ils sont contre-productifs. La claque, la gifle, la fessée n'apprennent pas le cadre. Chacune est assénée pour seule sanction et se suffit souvent à elle-même. Les mots font défaut, ce qui rend le cadre flou, imprécis et la sanction inutile et inefficace. Au lieu de frapper, le parent doit être à l'écoute des émotions de son enfant et poser le cadre en fonction de cela, en le posant autrement et en communiquant clairement. Les châtiments corporels ne mènent à rien, surtout si c'est le seul moyen de répression. Les coups répétés ne peuvent qu'inciter l'enfant à se rebeller, ce qui va inévitablement envenimer les relations familiales. Outre le fait que la fessée n'est pas nécessaire, elle n'est pas une réponse pertinente, elle est plus qu'antipédagogique, elle est abusive, surtout quand elle est systématique.

Dolto dépassée ?

Françoise Dolto disait que vous pouvez « taper la petite main qui fait des bêtises ». Elle disait également que l'autorité est l'apanage du père ! Ces deux idées sont celles de son temps et elles sont aujourd'hui largement obsolètes. Elle ajoutait cependant, fidèle défenseur de la communication précoce, « Vous pouvez aussi poser les limites en expliquant ou en haussant le ton si nécessaire. Même les plus petits peuvent comprendre le sens des interdits ».

La fessée est un aveu d'échec

Elle est dans tous les cas un aveu d'impuissance, le parent n'a pas su réagir autrement. Il n'a pas su mettre en place des stratégies plus efficaces et plus adaptées, il n'a pas su se défaire des entraves de son passé, ni de ses pulsions. La violence physique est souvent le signe d'un débordement émotionnel, d'une colère non maîtrisée : « Je n'arrive pas à me faire obéir par la parole et mes punitions ne sont pas suivies d'effets, donc j'utilise la force physique, j'use du pouvoir que j'ai pour rendre l'enfant impuissant ! » Au-delà de l'échec éducatif, avec les châtiments corporels on ne sait jamais jusqu'où on peut aller, la main est parfois trop lourde.

Lorsqu'on sent venir la colère, on peut la dévier, en changeant de pièce ou en passant le relais à l'autre parent. Nous pouvons tous parfois nous sentir débordés, désorientés ou désarmés par rapport à une situation particulière. Là encore, il est important d'apprendre à l'exprimer avant de réagir de manière inadaptée. Si nous ne pouvons pas convaincre nos enfants par des mots, nous ne les convaincrons jamais par la violence ! Mettre des limites, c'est pouvoir dire non, au bon moment et de la bonne manière.

L'interdiction de la fessée

Dès 1979, la Suède a été le premier pays à interdire les châtiments corporels à l'école et en famille, et elle a vu les chiffres de sa délinquance juvénile nettement diminuer. Aujourd'hui, la France a rejoint les 54 autres pays ayant interdit les châtiments corporels. Un grand nombre d'études différentes, utilisant des méthodes différentes, mettent en évidence des relations entre l'agressivité des jeunes et les punitions corporelles infligées par leurs parents.

La toxicité de la violence verbale

« J'entends encore ma mère me répéter "Ce n'est pas possible d'être aussi idiote", "Mais tu ne réussiras jamais rien ma fille", "Comment peut-on être si stupide ?". Ces phrases martelées pour un oui, pour un non, m'ont laissée avec une douleur permanente et la conviction de n'être bonne à rien. Je n'ai jamais eu de grandes ambitions ni pour ma vie personnelle ni pour ma vie professionnelle. Je n'ai pas fait de grandes études par peur de l'inéluctable échec. J'ai toujours été dans la souffrance de ne pas être à la hauteur et d'être inutile. La vie est pour moi une douleur. »

Claire (33 ans)

Un interdit légal

Comme nous l'avons vu, le texte du 29 novembre 2018 consacre un nouvel interdit, celui de la violence verbale. Il en reconnaît la toxicité sur le psychisme et la construction de l'enfant. Cette mesure a le mérite de mettre en lumière les dégâts souvent irréparables des mots lorsqu'ils sont récurrents. Pour grandir, l'enfant écoute ses parents qui lui apprennent à marcher, à se nourrir, à se comporter... Il ne doute pas de leurs mots, qui deviennent des éléments de sa construction intérieure. L'enfant ne fait pas la différence entre des mots pensés et ceux qui sont le résultat d'une fatigue ou d'une colère. Si on serine à son enfant « Tu es paresseux », « idiot », « bon à rien »... on l'enferme dans cette identité. L'enfant croit qu'il est celui qui a été défini par ses parents, et ce, quelles que soient ses réalisations.

Attention au chantage affectif

Certains parents, pour éviter la punition et obtenir ce qu'ils veulent, utilisent un procédé dangereux pour l'épanouissement psychique de l'enfant : le chantage affectif. « Fais-le pour faire plaisir à maman », « Maman t'aime mieux quand tu es propre », « J'aime les enfants obéissants », et pire : « Je ne t'aime pas quand tu te comportes comme ça »... Bref, l'enfant se sent aimé sous condition et non de la manière inconditionnelle nécessaire à son épanouissement futur. Il va donc agir pour être aimé, se conformer pour être apprécié et ne pas s'affirmer dans son identité. Le parent va être satisfait sur le moment, mais sur le long terme il obtiendra le contraire de ce qu'il souhaitait.

Les mots qui détruisent

Les phrases assassines, les remarques blessantes sont là encore le fruit d'un héritage, d'une exigence parentale, d'une tension parfois inconsciente, celle de ne pas en faire assez ou de ne pas faire ce qu'il faut pour mettre son enfant sur le droit chemin. Elles ont pour but de venir secouer l'enfant, le réveiller, obtenir une réaction adaptée, mais en réalité la réaction sera ponctuelle. La peur fera réagir l'enfant, mais en lui s'imprimera le sentiment d'être ce qu'on lui reproche, son insuffisance, sa médiocrité, sa bêtise... Attention donc aux effets pervers de la violence verbale immédiate sur le psychisme à long terme et de manière globale aux mots qui peuvent détruire autant que construire.

Les mots qui construisent

Il est important de parler à l'enfant avec le même respect qu'on exige de lui. En lui montrant qu'on lui fait confiance, qu'il a le droit de faire des erreurs, qu'on est là pour l'aider s'il en a besoin, on l'aide à acquérir une bonne image de lui qui va favoriser son épanouissement, ses apprentissages et sa réussite. L'idée est la même que pour le vélo : l'enfant doit savoir qu'il peut tomber, sous le regard et les mots bienveillants de ses parents, mais qu'au bout il va apprendre. Pour l'aider avec les mots, mieux vaut valoriser ses efforts plus que ses résultats et lui demander de faire de son mieux sans exiger qu'il soit le premier. Les parents lui donnent ainsi le goût de la persévérance, une autonomie tranquille et le sentiment de sa capacité.

Attention aux comparaisons

Parfois, pour obtenir ce qu'ils veulent, les parents comparent. Cela fige les deux enfants, l'un dans une forme de supériorité et l'autre dans une forme d'infériorité. Lorsque les parents dénigrent les enfants en les comparant à eux, cela est également humiliant et enferme au mieux dans un rôle secondaire, au pire dans un rôle d'incapable.

La dérive du « trop expliquer »

« Je consacre le plus clair de mon temps à mon fils Théo, qui aura bientôt 6 ans. Je privilégie l'amour et le dialogue, il me semble que lorsqu'un enfant a les deux, tout se passe bien. En ce qui concerne les punitions, c'est un peu compliqué, je suis contre. J'essaie toujours d'agir dans le bon sens. Quand Théo fait de petites bêtises, sans conséquence, je ne le réprimande pas. En revanche, quand ses bêtises le mettent en péril, quand, par exemple, il touche à des produits dangereux ou joue avec des couverts, là, je monte d'un ton. Mais je n'utilise jamais de méthodes répressives. »

Delphine (30 ans)

Le risque de débordement

Lorsqu'un parent a pour philosophie « Amour et dialogue sans sanction », le risque est grand de se trouver, par moments, débordé par un enfant qui profite du système. Ce qui peut conduire certains parents épuisés à réagir parfois par les cris ou la violence. Les cris sont souvent anarchiques, ils cachent le problème, le reportent. L'enfant ne comprend pas les hurlements, surtout lorsqu'ils sont fréquents. Mais outre les cris, certains parents en arrivent à donner une fessée sous le coup de l'épuisement, de la colère. Ces réactions sont typiques de ce mode de fonctionnement où finalement le parent en fait trop, à ses dépens et donc à ceux de l'enfant. Il n'a pas de temps pour lui, tout tourne autour des enfants, le souci premier est leur bien-être immédiat mais aux dépens de son épanouissement sur le long terme (voir « Devenir un parent bientraitant », p. 45, et le petit quiz qui suit, p. 47).

L'enfant qui sait qu'il n'y a pas de limites encadrées de sanction comprend qu'il peut obtenir ce qu'il veut de ses parents, alors il va tâcher de les attendrir, de les provoquer, de tout discuter, de les tester à nouveau… encore et encore… car il a besoin d'un « non » qui lui permet d'y voir clair, de ressentir le réconfort d'un cadre, d'être rassuré. Il ne sait pas ce qui est bon pour lui, ce qu'est une alimentation équilibrée, de combien d'heures de sommeil un enfant a besoin, comment on fait des devoirs, ce qu'est le respect de l'autre… Il l'apprend au contact de ses parents, par l'amour et le dialogue certes indispensables, mais également par un cadre que les mots sont insuffisants à poser.

« L'enfant peut manger quand il veut »

Françoise Dolto : « C'est vers 7 ans que l'enfant se règle aussi bien pour la nourriture que pour les autres besoins. Avant, avoir des repas réguliers est tout à fait inutile » (*Lettres de jeunesse*, Gallimard).

Didier Pleux : « Il est déjà difficile pour l'adulte de réfréner sa gourmandise et on voudrait que l'enfant sache le faire ? L'enfant doit être aidé, ses parents doivent lui apprendre à juguler son appétit. On voit aux États-Unis les méfaits sur le surpoids de la génération "Frigidaire en libre accès" » (*Génération Dolto*, Odile Jacob).

Le refus de la punition

Toute une génération s'est interdit d'interdire. L'ère du déclin de l'autorité parentale semble révolue. Il y a les « pour », il y a les « contre » la punition. Comme beaucoup de questions autour de l'éducation, les punitions sont confrontées, ces dernières années, à une vraie contestation de fond. Sont-elles efficaces ? Altèrent-elles l'épanouissement de nos enfants ?

Pour certains parents, les punitions ont le mérite de la spontanéité et de la simplicité. Elles peuvent faire ponctuellement comprendre à l'enfant que chacun de nous a naturellement besoin de respecter des règles, sous peine d'être sanctionné. En ce sens, elles sont efficaces. Cela étant, elles ne participent pas à une éducation de l'indépendance et de l'autonomie. Elles agissent essentiellement sur le ressort de la peur, de la soumission. Elles visent à réfréner un comportement, mais elles n'enseignent pas le comportement souhaité.

Pour ces parents, ce qui est souhaitable à long terme, c'est d'aboutir à une autodiscipline, de sorte que l'enfant aille de lui-même vers le comportement désiré. Pour cela, il est nécessaire de poser très tôt des règles qui deviendront peu à peu des habitudes de vie. Ces règles doivent être simples (à 20 h 30, extinction des feux !), cohérentes (ce qui est valable un jour l'est aussi pour les autres jours de la semaine) et énoncées sous forme de lois (on doit passer à table après s'être lavé les mains !). Une fois mises en place, ces règles seront peu à peu intégrées par l'enfant et feront ainsi partie de la routine.

« L'enfant décide de l'heure de son coucher »

Françoise Dolto : « Qu'on le laisse simplement tranquille, prêt à dormir, toilette faite, en pyjama, tricot ou robe de chambre, et qu'il laisse ses parents tranquilles à partir d'une certaine heure dont le père doit décider : il jouera dans sa chambre ou se couchera selon son gré » (*Lettres de jeunesse, op. cit.*).

Didier Pleux : « Je retrouve là l'idéalisme de Dolto : l'enfant si on le laisse tranquille se donnera lui-même une règle de vie par l'autonomie et non par la coercition. J'ai rarement vu un enfant décider seul de se coucher de bonne heure. Il veut surtout repousser l'heure du coucher » (*Génération Dolto, op. cit.*).

Le mythe de l'autodiscipline

Mais tous les enfants sont amenés un jour ou l'autre à transgresser les règles, ne serait-ce que parce qu'il s'agit d'une étape naturelle de développement de l'affirmation identitaire. Cela fait partie du jeu. Aux parents de savoir les recadrer quand il le faut et de faire évoluer les règles avec l'âge.

Or, on assiste aujourd'hui à une nouvelle dérive, celle du « trop expliquer ». Face à une transgression, certains parents vont tâcher d'en appeler à la raison de l'enfant, à son autodiscipline. Il est parfois illusoire de penser que l'enfant est raisonnable ; l'enfant est intelligent avant tout et il va donc mettre en place les stratégies qui lui conviennent. S'il a compris qu'il peut faire ce qu'il veut après la discussion avec maman, il va attendre que le moment passe et ne pas hésiter à recommencer.

Lorsque l'enfant refuse réellement d'obéir au « non » de ses parents, c'est que le « non » parental a été mal posé… Qu'il n'a pas valeur d'interdit aux yeux de l'enfant… Dire « non », ce n'est pas dire « oui mais ». C'est poser une limite fermement. Il est capital que ce petit mot ait un sens… Qu'il ne soit pas élastique ou contournable.

Les pièges de la punition

« J'organise une bonne partie de ma vie en fonction de ma fille Nadège, 8 ans. Je ne la punis que très rarement. Quand ça ne va pas, je cherche plutôt à dialoguer avec elle pour l'amener à réfléchir sur ses bêtises, sur ses erreurs. En général, c'est assez constructif. Il y a des fois, par contre, où je suis un peu moins patiente. En ce qui concerne la télévision, par exemple, si ça dure trop longtemps... je l'éteins, point final ! Je pense que parfois, avec un enfant, il faut savoir être ferme... C'est-à-dire : définir des limites claires, sans plier. Pour moi, il faut poser les cadres avec amour mais sans faiblir. Être aussi fiable quand on dit "oui" que quand on dit "non". » Fabienne (32 ans)

Trouver des alternatives pertinentes

Ce que certains nomment « punition », d'autres le nomment « expérimentation », « réparation », « temps de réflexion » en se disant parfois opposés à la punition. Certains experts de la petite enfance, quitte à semer le doute chez les parents, utilisent le verbiage. L'absence d'interdits risque de déséquilibrer nos petits sur le plan émotionnel et comportemental, bien plus que l'absence de punitions. Les punitions permettent de faire comprendre à l'enfant qu'il existe des règles à respecter. En ce sens, elles contribuent à l'éclairer sur ses droits, ses devoirs et les limites à ne pas franchir. Mais elles ne doivent pas représenter le principal moteur de l'éducation. Dans chaque famille doit aussi exister une place pour le contrat, la négociation ou la réparation.

Le retour du cadre

En 2006, 40 % des parents éprouvaient des difficultés à poser des interdits fermes à leur enfant (source : Ipsos). Aujourd'hui, un parent français sur deux (52 %) considère qu'être un bon parent, c'est avant tout savoir imposer un cadre, des limites, et faire preuve d'autorité (Ipsos, décembre 2018).

Mais derrière la dialectique autour d'une autorité sans punition, une réalité demeure, des mesures désagréables sont proposées sans qu'elles portent le nom de « sanction ». Elles ont pour fonction d'apprendre quelque chose à l'enfant. Elles restent donc une option, même si elle ne doit pas être la seule. La négociation est possible avec le petit et le contrat peut intervenir dès que l'enfant a atteint l'âge de raison.

Ce que pensait Dolto sur la difficulté à poser les interdits

« Trop de parents semblent perdus dès lors que leur enfant s'oppose. Seulement, tous les enfants ont besoin de dire non pour faire oui. Cela fait partie du jeu de l'éducation. Pour faire acte d'autorité efficacement, il faut énoncer explicitement les interdits, les dire et les redire, non pas en criant "je ne veux pas que..." qui n'est somme toute qu'une position violente, mais en disant fermement : "il ne faut pas...", et en expliquant la raison de l'interdit. S'il s'agit d'interdits sociaux (nuire à autrui) l'enfant comprendra la portée de l'interdit par l'exemple apporté par les parents. Il est inutile de hurler et de donner des fessées. On peut taper la petite main qui a fait une bêtise [...] mais pas plus. »

Opter par moments pour l'expérimentation

Comme il est important que le « non » soit clair, il est également possible de se faire entendre et comprendre efficacement de son enfant sans forcément lui dire non. Par exemple, en le laissant aller au bout de ses comportements opposants. En agissant ainsi, on lui montre que tout acte a des conséquences. « Tu préfères dormir dans le couloir que dans ta chambre ? Très bien, cela ne me pose pas de problème. » Cette posture n'est pas toujours possible ou tenable : que faire face à un enfant qui veut sortir en bras de chemise sous la neige, comment réagir face à celui qui veut se coucher tard tous les soirs ? L'expérimentation a pour limite la fonction parentale éducative, elle n'est possible que ponctuellement et lorsque les conséquences sont mesurables et bénignes. Car laisser l'enfant libre de se coucher à l'heure qu'il veut, c'est prendre le risque d'avoir un enfant fatigué pendant la journée, qui manque de concentration en classe et qui revient agité le soir. Là encore, comme dans toute chose, la mesure et le bon sens doivent rester la règle.

Adopter le système de la réparation

Certains préfèrent au mot « punition » le terme « réparation », qui montre que l'enfant a conscience de son acte. Là encore, écartons la dialectique. La réparation est une forme de sanction, il n'est pas agréable pour un enfant de nettoyer la table qu'il a salie, de rembourser l'objet qu'il a cassé ou de ranger la chambre de son frère, qu'il a mise en pagaille... Certes c'est pédagogique, « Je répare les bêtises que je fais et je prends conscience que mon comportement a des conséquences désagréables ». La réparation est une sanction intelligente et juste, mais elle n'en demeure pas moins une sanction. Là encore, elle doit rester adaptée à l'âge de l'enfant et à ses capacités : difficile de faire ranger une chambre à un petit de 3 ans, de faire repasser à un enfant de 5 ans la chemise propre qu'il a mise en boule... Bien que la réparation soit souhaitable chaque fois qu'elle est possible, elle peut également être symbolique : faire des excuses, devoir un service sont également des moyens de réparer.

Mécanismes cérébraux

De récentes recherches en neurosciences ont permis de découvrir que les punitions, quand elles sont adaptées et mesurées, modèlent positivement le cerveau « limbique » de nos enfants… Ce centre de la mémoire à long terme incite nos bambins à répéter les expériences agréables et à éviter de revivre les expériences déplaisantes. « Il faut comprendre que chaque expérience est mémorisée dans deux systèmes distincts : le circuit de la récompense et du renforcement ou *medial forebrain bundle* (MFB), et le circuit de la punition, le *periventricular system* (PVS). Le PVS incite un enfant à agir de façon à éviter les expériences douloureuses ou désagréables. »

Poser une sanction intelligente

Que l'on parle de « réparation » ou de « punition », la plupart des parents et des experts de la petite enfance abondent dans le même sens : un enfant qui outrepasse un interdit doit assumer la conséquence de ses actes. Seulement, une sanction, quel que soit l'aspect qu'elle prend, doit toujours être posée intelligemment. Pour être efficace, elle doit être simple, adaptée à l'âge de l'enfant, indépendante de ses plaisirs essentiels (ne pas le priver de Noël ou d'anniversaire), non terrifiante (ne pas l'enfermer dans le noir) et entourée d'explications (je te punis parce que tu as fait telle ou telle chose).

Alors arrêtons de diaboliser la punition ou la sanction, elle n'est pas antiéducative en soi, elle l'est lorsqu'elle est mal posée, de manière brusque, inadaptée, sans explication, qu'elle n'est pas en relation avec les aptitudes de l'enfant… Les enfants ont tous besoin d'un adulte qui les guide dans leurs choix, dans leurs erreurs. Bien posées, les sanctions deviennent en ce sens le complément nécessaire de l'interdiction. Ce sont elles qui rendent crédibles les exigences parentales. Ce sont elles qui sécurisent l'enfant. Ce sont elles qui lui inculquent l'apprentissage des lois et, donc, de la vie en société.

Seuls les parents ont le droit de punir

Vous confiez votre enfant à une tante pour un week-end, à des grands-parents pour les vacances ? Vous déléguez votre autorité... et le droit de punir si c'est nécessaire. En version light, cela donne : « Tu seras bien sage avec mamie », mais certains enfants ont besoin que les choses soient exprimées plus clairement. Il faut donc verbaliser distinctement cette délégation : « À la maison, il n'y a que deux chefs : ton père et ta mère. Mais le temps de ton séjour chez eux, nous donnons notre pouvoir à des sous-chefs. En attendant que tu rentres à la maison, c'est à eux que tu dois obéir. » Cela clarifie les choses chez l'enfant et légitime le pouvoir sur lui de ses tuteurs d'un jour. Il peut être utile de discuter avec les « sous-chefs » de la sanction à adopter. N'hésitez pas à intervenir pour reprendre le contrôle si la punition infligée vous semble disproportionnée ou si vous n'êtes pas d'accord avec son principe.

Choisir le temps de réflexion

C'est la sanction reine, celle qui est préconisée par tous les psys, qui n'est pas décriée, parce qu'elle est éducative par excellence. L'enfant isolé, mis en temps de pause, a le temps de réfléchir sur ce qu'il vient de faire, il comprend que son attitude l'a conduit à ce moment d'isolement sans possibilité de loisirs. Attention, il est important de ne pas enfermer un enfant à clé, de ne pas jouer sur le registre de la peur, ni d'isoler l'enfant dans un endroit dangereux. S'il est très jeune, l'isolement peut être pas trop loin du parent, dans une chaise sécurisée ou dans son lit à barreaux. On préconise habituellement une minute d'isolement par année d'âge, le temps pouvant être augmenté si l'enfant contrevient à la consigne d'isolement.

Mais si ce temps de pause est instauré dès que l'enfant est petit, qu'il est suivi d'un dialogue paisible et aimant, l'enfant le comprendra et ne s'y opposera pas. L'enfant qui s'oppose au temps calme le fait soit parce qu'il en garde un souvenir de peur, soit parce qu'il ne se sent pas « sécure » sur le plan affectif et qu'il a besoin de plus d'attention par ailleurs, soit parce qu'il sait que lorsqu'on lui a demandé d'aller s'isoler c'était une parole en l'air !

Les risques du manque de cadres

En 1999, une étude menée à l'université de psychologie de Washington sur plus de 1 900 enfants, et publiée dans le magazine américain *The Scientist*, soulignait néanmoins que les bambins qui bénéficiaient d'une éducation sans punitions souffraient d'un attachement affectif moins stable : attitude parfois incohérente face à leur tuteur ou à leurs parents, sautes d'humeur, intolérances aux frustrations, etc.

Les vertus de la récompense

« J'interdis le moins possible, je préfère utiliser la récompense, la gratification. J'ai une amie qui y est totalement opposée, mais je constate qu'elle passe son temps à crier et à punir, moi je préfère montrer à mes enfants que certains comportements apportent plus de bénéfices que d'autres. Je souhaite que mes enfants, Mathilde (14 ans), Louis (11 ans) et Bertille (8 ans), aient un cadre doux mais constructif pour grandir. Face à une bêtise, je préfère la réparation. Pour la petite histoire, je me souviens d'une fois où Mathilde a refusé de ranger le vélo de son petit frère. Résultat : le soir venu, le vélo s'est fait voler. J'ai donc pris ma fille entre quatre yeux et je lui ai expliqué que son argent de poche servirait à rembourser "sa dette". Je pense qu'il faut leur apprendre que pour réparer une erreur il faut parfois y mettre de sa poche ou de soi-même. »

Claire (46 ans)

La valorisation : un plaisir recherché

Certains parents considèrent qu'un comportement normal ne doit pas être valorisé, gratifié ou récompensé, mais la normalité est très variable d'une personne à une autre. Certains parents ont des exigences tellement élevées qu'ils n'auront que rarement l'occasion de valoriser leur enfant, altérant ainsi sa confiance en lui, son sentiment de compétence. D'autres pensent que l'enfant doit obéir, que c'est normal et que cela ne doit pas être encouragé ou valorisé. Enfin, il y a ceux qui considèrent que leur rôle premier est de critiquer leur enfant pour l'aider à s'améliorer, et ceux qui n'ont jamais été valorisés et ne pensent pas à le faire. Et bien sûr, ceux qui prennent le contre-pied de l'éducation reçue et qui vont au contraire passer leur temps à flatter, à encourager ou à récompenser leur enfant.

L'important est de rester juste et vrai dans ce que l'on dit à son enfant. De plus, il est essentiel de valoriser les efforts, les progrès et les réussites, ce qui permet à l'enfant de continuer à avoir envie de progresser et de ne pas se sentir en échec dès qu'il ne parvient pas à quelque chose. Il ne s'agit pas de valoriser l'enfant à tout-va, mais chaque fois qu'il le mérite, qu'il a progressé, qu'il s'est montré responsable.

La récompense est là encore avant tout symbolique. L'enfant félicité pour ce qu'il a fait de bien aura envie de recommencer. Le plaisir de la valorisation donne envie d'être à nouveau valorisé. Il est également utile de préciser que la punition peut également être symbolique, la remontrance ou la remarque très ferme sont déjà des punitions pour l'enfant, qui n'aime pas ne pas faire plaisir à ses parents.

L'effet de la récompense sur le cerveau

Le neurologue Ray Dolan, de l'université de Londres a démontré en 2001 que lorsqu'un comportement est récompensé chez l'enfant, l'information est aussitôt transmise à son cortex cérébral. Celui-ci traite l'information puis envoie des signaux vers les neurotransmetteurs porteurs d'endorphines, les hormones dites « du plaisir » – dopamine et sérotonine notamment. Ces hormones diffusées dans les centres cérébraux produisent des sensations agréables que l'enfant prend plaisir à renouveler. Lorsqu'un enfant est gratifié, son organisme fabrique ces substances qui lui font du bien. Psychiquement, il fait l'expérience du plaisir.

La récompense : un stimulant efficace

La récompense agit sur l'enfant comme un stimulant qui l'aide à acquérir son autonomie et sa capacité à accepter les règles. Elle agit sur les moteurs de la motivation parce qu'elle prouve la reconnaissance parentale à la suite d'une bonne action, et parce qu'elle stimule la fierté intérieure de l'enfant à bien agir. En effet, parce qu'il se sent valorisé dans son action, l'enfant développe l'estime de soi, qui lui permet de s'engager dans l'apprentissage des règles, des limites et des lois. Quand un système de récompense est mis en place, il conditionne l'enfant, qui agit de manière bénéfique pour lui-même.

Les recherches du psychologue Arthur Staats ont montré que la récompense produit un effet positif sur le comportement général. Ainsi, un enfant récompensé est émotionnellement positif, il n'a pas d'appréhension à faire des expériences, il est explorateur, inventif et globalement plus enclin à entrer dans les apprentissages. Attention cependant à ne pas récompenser à l'excès. Un enfant soumis à la gratification systématique perd sa capacité à explorer pour se focaliser sur le bénéfice immédiat.

De nombreuses études montrent que les enfants récompensés pour un dessin, par exemple, sont moins enclins à dessiner d'eux-mêmes que ceux qui dessinent juste pour s'amuser. Ils risquent de devenir plus tard ceux qui « se contentent du minimum » ! Enfin, attention au chantage, quand la récompense devient objet de marchandage, elle perd tout son bénéfice au profit d'une toute-puissance de l'enfant, qui, dans ce cas, fait de son obéissance aux règles un enjeu de pouvoir. Autant dire, tout le contraire d'une éducation à l'autorité !

La récompense doit être ponctuelle, accompagner l'acquisition d'un comportement qui pose problème, comme l'agressivité ou l'opposition systématique. Si elle n'est pas ponctuelle, elle est inefficace. De même qu'elle sera totalement inutile pour un enfant sans cesse couvert de cadeaux.

Les conditionnements psychologiques

Le comportement est conditionné par des attitudes positives et négatives de l'environnement. Il y en a quatre sortes.

• Le **renforcement positif** : la fréquence d'un comportement augmente avec un stimulus positif – récompense, tendresse, félicitations...

• Le **renforcement négatif** : la fréquence d'un comportement augmente avec la diminution d'un stimulus négatif – moins d'obligation, de colère, de douleur...

• La **punition positive** : la fréquence d'un comportement diminue avec l'ajout d'un stimulus négatif – punition, obligation...

• La **punition négative** : la fréquence d'un comportement diminue avec le retrait d'un stimulus positif – retrait d'une récompense, d'un droit.

Le choix de la carotte ou du bâton

« Je me sens aux prises avec des injonctions contradictoires, je sais qu'il faut poser le cadre, dire non avec fermeté, mais je n'y arrive pas, je n'aime ni les punitions ni les récompenses, alors je me sens démunie, j'ai l'impression d'être une mauvaise mère et que l'on me regarde comme telle. Je me sens prise au piège entre ce qu'il faudrait que je fasse et ce que je fais concrètement, parce qu'à l'intérieur de moi deux voix s'opposent ! » Charlotte (42 ans)

Identifier les doubles croyances opposées

Les messages éducatifs sont, comme nous l'avons vu, des croyances parfois inconscientes. Il arrive que nous portions en nous des messages contradictoires, c'est-à-dire qu'obéir à l'un signifie désobéir à l'autre et vice versa, c'est ce que l'on appelle le « double message contradictoire ». L'individu est soumis à deux injonctions qui s'opposent, ce qui le plonge dans une posture statique, dans un piège intérieur. Il est démuni, il ne sait pas comment agir, c'est sa capacité d'action qui est touchée puisqu'en lui les croyances se contredisent. Cette double injonction crée un blocage mental qui s'imprime dans le cerveau. Pour sortir du piège de la double contrainte, il faut déjà pouvoir identifier les deux injonctions.

La double contrainte

Ce concept a été clarifié par Gregory Bateson et les chercheurs de l'école de Palo Alto en 1956. Cette école est à l'origine des thérapies brèves systémiques. Le principe est que les difficultés d'un individu sont le résultat du dysfonctionnement d'un système dont il fait partie (familial, conjugal, professionnel). Bateson attribue à la double contrainte un rôle pathogène dans le fonctionnement du système. Le psychothérapeute Thomas d'Ansembourg parle d'un « vaccin à deux injections ».

Comprendre la double injonction

On peut essayer de comprendre ce qui a été transmis. « Mon père, ma mère m'ont appris des choses contradictoires, d'un côté la nécessité des cadres pour qu'une maison roule (pour ma mère) et de l'autre le fait qu'une bonne mère a une autorité naturelle et qu'elle n'a donc pas besoin d'utiliser ni carotte, ni bâton (pour mon père) ». Si Charlotte utilise la punition ou la récompense, elle se sent une mauvaise mère, si elle ne fait rien elle a l'impression également d'être une mauvaise mère, donc elle est perdue. Sa mère lui a affirmé qu'une maison bien tenue, une famille épanouie, une mère qui savait gérer sa tribu permettaient de poser les cadres. Son père lui a appris que l'autorité était naturelle et que le bâton et la carotte n'étaient pas utiles, donc Charlotte est démunie. Ses deux parents lui ont transmis le besoin d'un cadre stable, principe auquel elle adhère sur le fond, mais des messages peu clairs sur les moyens.

Sortir du piège de la double contrainte

Pour sortir de l'aphasie dans laquelle nous plongent les doubles injonctions, il est important de se recentrer sur soi, de s'interroger sur nos valeurs, nos besoins, nos sentiments, indépendamment de ce qui nous a été transmis. Il est également important de sortir de la pensée binaire, du blanc ou noir, poser les cadres ou ne pas les poser. Il y a souvent une autre voie, un autre chemin, parfois plus personnel, qui passe par le fait d'interroger ses besoins et de les exprimer comme le préconise la communication non violente (CNV) [voir l'acte 4]. Alors peut se dessiner une autre manière de dire non, de s'affirmer, sans forcément utiliser ni punition ni récompense.

Le non et la relation à l'autre

L'enfant est naturellement égocentrique jusqu'à l'âge de 6 ans.

L'enfant vient au monde avec des instincts primaires et des besoins qu'il faut satisfaire. Il apprend peu à peu à passer du principe de plaisir immédiat au principe de réalité. À travers ses apprentissages et ses expériences sociales, il prend conscience de l'autre et passe de l'homme « solitaire » de Pascal à l'homme « animal social » d'Aristote. La biologie paraît aller dans le sens de ce dernier : les parties du cerveau régissant les relations avec les autres sont beaucoup plus développées chez les humains que chez les animaux.

Les premières relations sociales vont peu à peu définir notre relation à l'autre et notre capacité à être soi-même dans la relation à l'autre, à être affirmé dans nos valeurs et nos besoins en respectant et en étant respecté de l'autre.

Réapprendre à dire non à l'autre

Non, non et non ! Alors que nos enfants usent du « non » avec une facilité déconcertante, pourquoi avons-nous tant de mal à faire de même ? Si le « non » est aussi naturel à l'enfant que le langage et la marche, il se révèle aussi compliqué à l'adulte que son besoin de reconnaissance ou d'amour.

Il existe deux tendances dans la relation que l'individu noue avec l'autre. Ces penchants peuvent alterner, au fil du temps, en fonction du contexte et des personnes. Il y a les réactifs et les proactifs. Les actes des « réactifs » dépendent de leur environnement social ou de la « météo sociale », ceux des « proactifs » de leurs valeurs internes. Les « réactifs » se laissent piloter par les autres, leurs parents, les circonstances. Les proactifs se dirigent en fonction de décisions réfléchies et personnelles. S'ils restent influencés par la « météo sociale », leur réponse est un choix. Entre ce qui leur arrive et leur réaction s'interpose leur liberté.

Alors que l'on craint de compromettre sa relation à l'autre en étant soi-même, en posant des limites, c'est précisément cette capacité à être affirmé dans ce que l'on est qui nous assure d'être dans une relation vraie et libre à un « autre » choisi et qui nous correspond !

Dire non avec la communication non violente

Dire non n'est jamais confortable, c'est souvent le résultat d'un travail sur soi. Pour dire non selon la CNV, il faut :

1. Entendre le besoin de l'autre sans forcément le satisfaire (Observation) ;

2. Écouter ses propres ressentis, ses émotions, son langage corporel, cela permet de réintroduire le « je » dans le « jeu » (Sentiments) ;

3. L'idée n'est pas forcément de dire non, mais de se faire face, de ne pas se fuir, de ne pas se laisser emporter par le flot des habitudes, d'identifier ses besoins et notamment ses priorités pour décider (Besoins) ;

4. En se recentrant sur ses besoins, on apprend à faire de vrais choix, à être vraiment libre (Demande).

En prenant soin de ses propres besoins, on favorise le soin, en se niant, on entretient la négation de soi. Or, ce qui vaut pour nous en tant que parent vaut également pour les enfants. Si je suis fatigué(e) et que je joue quand même avec les enfants alors que j'aurais vraiment envie de regarder un film avec eux, je transmets de la colère, de la frustration et je peux me montrer agressif (agressive). Si un enfant est agressif et que je lui demande d'abord d'exprimer son ressenti et ses besoins, je comprendrai peut-être qu'il a avant tout besoin d'attention et d'amour en ce moment, d'autant qu'il rencontre des difficultés à l'école. Si je réagis de même face à une dispute, je permettrai à chaque enfant d'apprendre à exprimer son ressenti, ses besoins et de formuler une demande qui sera entendue par l'autre bien différemment. « Tu m'as énervé(e) parce que tu ne veux jamais me prêter tes jouets, je me sens triste et j'ai l'impression que je ne suis pas important(e) pour toi, or, j'ai besoin de sentir que je compte. » Ce parler vrai ouvre bien des portes, déverrouille bien des blocages et permet de dépasser bien des conflits.

Pour autant cette communication n'est pas forcément possible chez le tout-petit, pour qui les règles de sécurité doivent primer, elle devient possible avec le langage et est un moyen supplémentaire de poser le cadre.

Comme nous l'avons vu, ni la punition, ni le dialogue, ni la récompense systématique ne sont de bons modes éducatifs, ce qui est important est de rester adaptable, de poser les limites avec pertinence en utilisant ce qui correspond le mieux au contexte, à la situation et à la personnalité de l'enfant sans jamais oublier que l'enfant doit d'abord et avant tout baigner dans l'amour et l'attention.

Notes

Acte 6

Les outils pratiques

Comment, une fois les résistances individuelles dépassées, poser les limites de manière juste ? Comment réagir face aux colères de nos enfants en adoptant une attitude adéquate ? Comment corriger leurs problèmes de comportement les plus courants en restant ferme et calme ? Voici des pistes pour poser l'autorité au quotidien sans recourir aux cris et aux menaces.

L'éducation est une question de dosage dans tous les domaines : amour, écoute, punition, récompense, explication, action…

Cela déborde largement la notion d'autorité.

En la matière rien n'est acquis, répéter fait partie des luttes quotidiennes de la parentalité !

Travailler le ton

« J'ai beau donner à mon enfant des instructions, il ne m'écoute pas, je dois répéter encore et encore, jusqu'à hurler. Je ne comprends pas mon amie Louise, elle n'a qu'un mot à dire et ses enfants font ce qu'elle a demandé, ils n'ont pas peur d'elle, ils sentent juste que ce n'est pas discutable. Je ne comprends pas bien ce que je peux changer. »

Mathilde (39 ans)

Un ton affirmé

Le ton est essentiel. Il y a une grande différence entre « Mets tes chaussures », phrase impérative, ne laissant pas d'option, et « Tu veux bien mettre tes chaussures, s'il te plaît mon chéri ? », phrase qui laisse supposer que l'enfant a le choix et que sa mère lui en serait en plus reconnaissante. Au-delà du type de phrase, la même phrase « Mets tes chaussures » peut être prononcée de manière indolente, sans grande conviction ou au contraire avec fermeté, voire avec un ton indiscutable. La manière dont les parents s'expriment lorsqu'ils donnent une instruction est donc essentielle au respect de la règle.

Une explication parfois inutile

S'il est important d'expliquer la règle les premières fois, au bout d'un moment, elle est acquise. Les explications, comme on l'a vu, ne suffisent pas, elles doivent être accompagnées de règles énoncées avec fermeté. Les parents doivent énoncer l'instruction avec conviction et s'ils sont amenés à répéter plusieurs fois un ordre, ils peuvent hausser le ton pour faire comprendre que les bornes sont dépassées. S'il est normal que l'enfant pris par ses jeux mette un peu de temps pour réagir, quand la limite tombe il doit obéir.

Mécanismes cérébraux

Vers 4 ans, l'enfant prend conscience qu'il pense et que l'autre possède également ses propres pensées. À cet âge, son cortex préfrontal, là où siègent l'empathie et la capacité à ressentir les sentiments de l'autre, s'ouvre et s'enrichit. C'est à ce stade que l'enfant peut commencer à raisonner et à prendre en compte l'argumentation parentale.

Des négociations à éviter

Il est important d'expliquer simplement pourquoi telle ou telle chose est interdite ou exigée et de lui montrer qu'il s'agit de lois universelles et non négociables. On ne frappe pas une personne, pas plus à la maison que dans la rue. Le jour, on s'habille, aussi bien à la maison qu'à l'école. Ou encore : on mange parce que le corps a besoin d'énergie pour fonctionner, mais on ne se gave pas de bonbons parce que le sucre abîme les dents... Lorsque les principes ont été énoncés, expliqués, et qu'ils ne sont toujours pas respectés, un « c'est comme ça et pas autrement » suffit à reposer le cadre sans que le parent soit mis en demeure de se justifier à tout bout de champ.

L'enfant qui rechigne à s'habiller ou négocie une sucette de plus entre dans un processus de marchandage auquel on doit mettre fin rapidement. L'enfant a besoin de tester les limites, aussi la fermeté d'un ordre, sans explication, le rassure bien plus qu'elle le brime.

Attention donc à ne pas transformer le dialogue en rapport de force dont l'un des deux doit sortir gagnant. Ce ne serait pas éducatif. Le parent doit assumer sa place d'adulte, il est celui qui sait, celui qui décide, celui qui sert de modèle. L'enfant, lui, doit être respecté et éduqué. Les explications et raisonnements n'ont qu'un seul but : l'aider à grandir.

Les méthodes infaillibles

Je commande, tu décides

Le parent commande à l'enfant de s'habiller avant de partir à l'école, ou bien d'aller prendre son bain, ou encore de sortir de la piscine, et laisse à l'enfant le soin de décider de la couleur de son pull-over, des jouets qu'il mettra dans la baignoire ou du jeu qu'il fera après s'être séché. Une astuce qui permet à la fois de montrer à l'enfant que son avis est respecté et de positionner le parent comme détenteur de la loi.

Le Grand Cahier

Une méthode qui évolue en même temps que l'enfant puisqu'il s'agit de faire un cahier dans lequel on inscrit les lois au fur et à mesure de ses apprentissages, avec illustrations et jolies lettres qu'il pourra déchiffrer dès le CP. Exemple, page 1 : Le matin, on s'habille. On colle une image et on rédige en plus petit les raisons de s'habiller. Page 2 : Les jouets dorment au panier. Page 3 : On dit bonjour, etc. Régulièrement, on consulte le Grand Cahier, surtout en cas d'oubli d'une règle ! Le Grand Cahier est évolutif, les lois s'ajoutent ou deviennent obsolètes, il peut être consulté ou raconté aussi souvent que l'enfant le souhaite ou que le parent en a besoin.

Je suis ton miroir

Le père ou la mère peut régulièrement raconter à l'enfant une situation dans laquelle il/elle a respecté la règle, à un moment où cela ne l'arrangeait pas du tout. « Je n'ai pas pu garer ma voiture devant la porte parce que c'est interdit », « J'aurais bien aimé prendre un autre gâteau, mais c'est mauvais pour mes dents ». Ainsi, l'enfant se familiarise avec une autorité justifiée à laquelle chacun doit se soumettre.

Affirmer sa posture

> « **Je travaille beaucoup, je rentre à la maison et ma deuxième journée commence, j'ai deux enfants et je jongle entre les devoirs, le repas, les tâches ménagères... Le soir c'est souvent la pagaille, les filles se disputent beaucoup et j'appréhende le retour à la maison. Je ne comprends pas pourquoi avec mon mari, les filles sont plus calmes et les consignes sont respectées.** »
>
> Lucie (29 ans)

Être cohérent

Plus de 80 % de nos échanges passent par d'autres canaux que le canal verbal et l'enfant comprend intuitivement quel est le degré de fermeté de ses parents. Les parents se plaignent parfois du peu d'effet de leurs remontrances ou des ordres qu'ils donnent. « Je lui dis d'arrêter, mais c'est comme s'il était sourd ! » Sourd, l'enfant ne l'est pas, mais intuitivement, il capte la teneur du message transmis et comprend très vite la nature de l'injonction. Une maman qui donne un ordre en regardant ailleurs, un papa qui interdit d'une voix lasse avec les épaules voûtées ne sont pas très crédibles et leurs paroles totalement dépourvues d'effet... La posture physique, l'attention, la présence réelle au moment où l'on donne la consigne sont essentielles. Il est important qu'il y ait une congruence, une cohérence entre les messages vocal et gestuel.

L'importance de la congruence

La congruence est l'harmonie et la cohérence qui se dégagent entre le vécu, le ressenti et l'exprimé par le patient sur le plan gestuel comme verbal.

En effet, les parents dotés d'une solide confiance en eux, convaincus du bien-fondé de la règle à imposer verront cette règle respectée par l'enfant. Tout leur corps exprimera l'exigence, tandis que ceux pour qui la règle est secondaire donneront la consigne en tapotant, peut-être, distraitement sur leur ordinateur.

Mécanismes cérébraux

Le psychologue américain Albert Mehrabian a récemment montré que lors d'une discussion les mots n'intervenaient qu'à hauteur de 7 % du message transmis, le reste se partageant entre langage corporel et ton de la voix. En d'autres termes, ce n'est pas tellement ce que l'on dit qui compte, mais plutôt la façon dont on le dit. Parallèlement, le neurobiologiste Antonio Damasio a démontré le rôle des émotions sur le comportement corporel : « Les émotions se traduisent en externe sur les muscles du visage, les postures du corps, ou bien en interne sur les hormones, le cœur ou les poumons. » Ainsi, lorsqu'un parent donne un ordre sans y croire vraiment, l'ensemble de son corps traduit sa fragilité.

Écarter la culpabilité

Comme le souligne le linguiste Roman Jakobson, avant d'être exprimé verbalement, le message est pensé, codé, et perturbé par des « bruits » de nature psychique ou psychologique. Ainsi, un parent qui culpabilise d'être ferme donnera un ordre sur un ton peu assuré. Celui qui a peur de perdre l'affection de son enfant en raison de trop d'interdits adoptera une attitude corporelle craintive. Celui encore qui doute de ses capacités à être un bon éducateur prendra un ton hésitant et une gestuelle détournée. Tous ces signaux interviennent bien entendu de façon inconsciente, mais ils sont reçus de manière très précise par l'enfant à qui ils s'adressent. Attention également à l'attitude « copain » :

certains parents fonctionnent sur le mode de la séduction par peur d'écorner l'image qu'ils veulent donner d'eux. De cette posture mentale découle une posture physique peu déterminée, éloignée de toute fermeté éducative.

Les méthodes infaillibles

Halte !

Apprendre le geste qui fixe l'instant : je redresse mes épaules, je lève l'index, je fronce les sourcils et je dis « Stop ! » d'une voix forte et assurée. Nul doute qu'avec une attitude corporelle complètement cohérente accompagnée d'un ton ferme, le petit enfant cessera immédiatement son activité – ou sa bêtise ! – pour se concentrer sur le message transmis par son parent. La posture parentale tout entière tournée vers le STOP sera d'autant plus efficace qu'elle est soutenue par la certitude d'avoir pleinement raison.

Mes yeux dans tes yeux !

En cas de mise au point, ou lorsqu'il y a un ordre à donner, la parole doit être accompagnée du regard, un regard bien en face, qui ne cille pas. Cela a un double avantage : d'une part l'adulte renforce son assurance par un regard bien soutenu, d'autre part l'enfant peut se focaliser sur ce qu'on lui dit sans être dérangé par des stimuli extérieurs. Par exemple, l'enfant à qui on demande d'aller se brosser les dents et qui garde les yeux rivés sur l'écran de télé entend moins bien... !

J'inspire, j'expire !

Le souffle joue un grand rôle dans l'attitude corporelle. Prendre deux ou trois profondes inspirations a pour effet de redresser les épaules et d'affermir le ton. Une respiration bien maîtrisée aide à se sentir centré sur la décision à prendre. Avant d'intervenir auprès de l'enfant pour lui donner un ordre ou mettre fin à une bêtise, on prend quelques secondes pour bien respirer et ainsi affermir son autorité.

Être fiable

> **« J'ai remarqué que punir quand on l'a annoncé a plusieurs conséquences positives. L'enfant sait que lorsqu'on dit quelque chose on le fait et cela est vrai pour la punition comme pour une promesse de sortie. L'enfant comprend qu'il n'y a pas de menace en l'air et cesse de flirter avec les limites, du coup lorsqu'une demande est faite, elle est entendue dans la foulée. Enfin, cela a l'avantage de supprimer très rapidement l'usage de la punition, qui n'a plus d'utilité. »** Bérénice (33 ans)

Une cohérence éducative

Pour comprendre ce qu'on attend de lui, un enfant a besoin que ses parents se montrent cohérents et convaincus de la justesse de ce qu'ils lui demandent. Sur ce point, tous les psys accordent leurs violons : lorsqu'on promet une punition à un enfant, il est essentiel de l'appliquer pour rester crédible. De la même manière, interdire un jour ce que l'on autorise le lendemain ou remettre en cause la parole de son conjoint devant l'enfant sont deux attitudes à bannir. Les enfants ont besoin de cohérence dans leur éducation, sans quoi ils multiplieront les crises d'opposition pour exprimer leur angoisse. Toute absence de cohésion représentera pour eux une vraie raison de désobéir et de malmener leurs parents.

Mécanismes cérébraux

Dès son plus jeune âge, un enfant considère ses parents comme des modèles et cherche à les imiter. De cette façon, il consolide et renforce son stock de neurones miroirs, situé dans les lobes temporaux. Ces neurones miroirs, qui jouent un rôle important dans notre capacité à nous socialiser, sont sollicités lors d'une imitation. Nos enfants les activent lorsqu'ils nous observent et cherchent à reproduire nos gestes, nos attitudes ou nos comportements. À nous, donc, de leur montrer l'exemple !

Une sanction rassurante

Punir un enfant, c'est le responsabiliser en l'aidant à prendre conscience des conséquences de ses actes. Pour être bénéfique, une punition doit être réparatrice bien plus qu'humiliante.

Chez le tout-petit, la notion de bien et de mal est inexistante. À 2 ou 3 ans, un enfant est soumis à ses pulsions et veut tout, tout de suite. Or, l'illusion de sa toute-puissance peut l'angoisser. Le punir, c'est lui éviter cette angoisse, en lui permettant de découvrir ses limites. Selon Freud, la punition soulage aussi un enfant de la culpabilité qu'il ressent lorsqu'il a désobéi ou a peiné ses parents.

Une autorité intelligente

- **Adaptée.** La sanction doit être adaptée à son âge, à sa maturité et à la nature de son acte. Le priver de dessert est aussi déconseillé, car il risque de percevoir la nourriture comme un instrument de chantage affectif. Plutôt que de lui interdire les activités essentielles à son épanouissement, mieux vaut supprimer, par exemple, l'accès à la télévision.
- **Modérée.** Il est important de ne pas multiplier les punitions, pour éviter une surenchère.

- **Immédiate.** Une punition, surtout chez le petit, doit intervenir juste après la bêtise et pas sur le moyen ou le long terme : l'enfant aura oublié pourquoi il est puni, il ne comprendra pas et prendra cela pour une injustice. Plus l'enfant grandit, moins cette immédiateté est incompréhensible, bien qu'elle reste souhaitable.
- **Répétée.** Pour que des habitudes souhaitées se mettent en place, il faut toujours y passer un peu de temps, au moins au début. Prenons l'exemple de l'enfant qui hurle sans cesse à table. En intervenant systématiquement, le comportement cessera. En revanche, si ce comportement n'est interdit que de temps en temps, il risque de se maintenir.
- **Courageuse.** Dire oui est toujours plus simple que de dire non. Il faut du courage pour établir clairement ce que l'on veut pour son enfant et pour tenir le cap, jour après jour, quelles que soient la fatigue et la pression. Mais ce courage est nécessaire pour nos enfants.
- **Affirmée.** Les crises d'opposition sont inévitables. Nos enfants ont besoin de conflits pour se construire. Cela fait partie des règles du jeu de l'éducation. Les éviter ne fait jamais avancer les choses.

Les méthodes infaillibles

La règle des 3

Soyez intransigeant, fixez-lui des interdits de sécurité et de confort : d'abord pour lui (non, tu n'as pas le droit de mettre les doigts dans les prises), ensuite pour vos objets (non, tu ne joueras pas dans le bureau de papa), enfin pour vous (non, tu ne me déranges pas quand je te demande le calme).

Ça tourne !

Les enfants fonctionnent par mimétisme parce que les parents sont les personnes qu'ils admirent le plus, parce qu'ils ont envie de leur plaire et parce qu'ils sont dotés de neurones miroirs qui les incitent à reproduire ce qu'on leur montre. Donc, attention, vous êtes filmé(e) ! Montrez l'exemple. Si vous mentez à une copine, à votre mère ou à votre patron, n'ayez crainte il l'aura enregistré. Si vous êtes serviable, à l'écoute et attentionné(e)... il y a fort à parier qu'il vous imitera tôt ou tard.

L'incontournable 1-2-3

Indémodable et inégalé, le fameux décompte « 1-2-3 » avant d'infliger une punition est toujours suivi d'effet lorsque le parent est ferme, congruent et fiable.

Pouce !

Envoyez votre enfant dans sa chambre et dites-lui de ne pas en bouger jusqu'à ce que vous l'appeliez. Laissez-le seul de 2 à 5 minutes, selon son âge. Ajoutez une minute pour chaque minute où il refuse d'obtempérer. Abstenez-vous de le regarder et de lui parler. Cet isolement l'aide à se calmer, à gérer ses pulsions et à réfléchir aux conséquences de ses actes. Une fois qu'il s'est apaisé, expliquez-lui à nouveau pourquoi il a été puni. Connaître les raisons de sa punition l'incitera à ne pas recommencer.

Seconde chance

Si votre enfant a cassé un objet, aidez-le à le réparer ou à le rembourser. Cela le responsabilise et lui permet de prendre conscience de sa valeur. S'il a utilisé les jouets d'un copain sans son accord, proposez-lui de s'excuser et de prêter les siens. Les parents peuvent réfléchir avec leur enfant à une solution, pour éviter qu'il soit puni à nouveau pour le même motif. Par exemple, s'il a écrit avec un marqueur sur la tapisserie, il est possible de convenir avec lui que la prochaine fois il utilisera un livre à colorier.

Poser l'autorité en amont

« J'aime beaucoup faire participer mes enfants aux tâches quotidiennes, c'est une manière ludique de faire des choses ensemble, les contraintes prennent avec eux de la couleur, ils y mettent leur enthousiasme, leur joie et leur maladresse, mais surtout, une immense fierté une fois la tâche réalisée. Je gère les gaucheries du petit en lui demandant des petites choses adaptées et tout le monde est content ! »

Marianne (37 ans)

L'aide à petits pas

En donnant des choses à faire au tout-petit : dès 2 ans, un enfant peut aider à mettre la table, à ranger la vaisselle. Il a le sentiment d'une promotion, il y prend plaisir, il est félicité. Cela paraît tout bête, mais en fait, c'est bien plus complexe et plus riche qu'il y paraît. Faire les choses avec plaisir va construire la pensée de l'enfant. Et c'est cumulatif, cela peut devenir très fort.

Mécanismes cérébraux

Les petites contraintes du quotidien et le sentiment de frustration qu'elles peuvent parfois générer entraînent, entre 2 et 8 ans, une réorganisation cérébrale. À cet âge, les connexions de certaines zones du cortex préfrontal (où siège la mémoire) se développent et s'enrichissent naturellement. Se laver les mains avant de manger, participer aux tâches ménagères, ne pas crier à table, se laver les dents avant de dormir sont autant de tâches qui renforcent ce développement cérébral et poussent l'enfant, par assimilation (ou mémorisation), à répéter ces contraintes dans le temps puis à les accepter.

Parce que la répétition de ces actes quotidiens va peu à peu s'inscrire dans le psychisme de l'enfant, il va prendre plaisir à aider, se sentir responsable et capable et donc prendre confiance en lui. Les parents doivent aider l'enfant à se confronter à la réalité, ils ne doivent pas essayer de lui faire plaisir à tout prix. Ils doivent lui donner le goût de l'effort, pour qu'il prenne plaisir à agir même quand il y a des contraintes.

Le manque constructif

Les frustrations permettent à l'enfant d'apprendre à différer ses désirs et à maîtriser ses pulsions, conditions *sine qua non* pour vivre en harmonie avec les autres. Les petites contraintes quotidiennes sont un excellent moyen d'habituer en douceur l'enfant à différer la satisfaction immédiate de son désir.

Le manque, lorsqu'il n'est pas systématique, aide un enfant à se construire. Grâce aux frustrations, celui-ci prend conscience qu'il existe un écart entre ses désirs et le monde qui l'entoure. Il apprend ainsi à se contrôler et à compter d'abord sur lui-même. Il parvient peu à peu à trouver, dans des plaisirs autorisés, des satisfactions aussi grandes que celles que lui procuraient ses transgressions. Il est bon d'édicter à un enfant des règles simples et précises, d'un ton calme et déterminé, en le regardant en face. Il doit en comprendre le sens, pour apprendre à obéir pour son bien.

Des attentes positives

Il est ici important de formuler ses attentes de manière positive. Par exemple, au lieu d'ordonner : « Ne laisse pas traîner tes jouets », il est préférable de dire : « Range tes jouets dans l'armoire. » Faire part de ses sentiments, en disant « je », est également fondamental : « Je ne peux pas parler au téléphone si le son de la télévision est si fort », et non : « Tu fais trop de bruit ».

Les petites frustrations sont fréquentes à certains moments clés. C'est parfois le cas à table. Si l'enfant refuse de terminer son assiette, on peut lui proposer de la finir le lendemain. Le forcer, ce serait courir le risque de l'inciter à négliger les signaux internes qui régulent sa satiété. S'il refuse de manger un plat qu'il ne connaît pas, on peut lui demander de le goûter ou le faire participer à la préparation de ce mets la prochaine fois, pour qu'il se familiarise avec.

Les méthodes infaillibles

Contre la montre

Lancez un défi à votre enfant, en lui disant d'effectuer le plus vite possible et correctement une tâche qu'il déteste. Par exemple, trois minutes pour se brosser les dents. Proposez-lui de réaliser ensemble cinq minutes de rangement, en ordonnant le plus d'objets possible, et laissez-le gagner. Objectif : rendre plus digeste la frustration.

Le tire-tâche

Mettez dans une boîte quelques morceaux de papier pliés en quatre sur lesquels vous aurez écrit une tâche à effectuer. Tirez tous une tâche et exécutez-la illico.

Le tableau magique

Dessinez avec votre enfant un tableau pour la semaine, avec les tâches de chacun et des gommettes à coller lorsqu'elles sont remplies. Chaque soir, collez une gommette par action accomplie et félicitez les efforts comme les réussites.

Les mots rigolos

Laissez-lui des petits mots amusants sur des feuilles ou Post-it, pour l'aider à intégrer les actes répétitifs de la vie quotidienne.

Par exemple : « N'oublie pas de me rincer après t'être lavé les dents. Signé : le lavabo. »

Les richesses d'une autorité bien posée

Elle sert :

- **À protéger du danger.** L'enfant doit sentir que ses parents, affectueux, ne l'autorisent pas à sortir de façon déraisonnable des limites qu'ils ont fixées pour sa sécurité. Sans quoi, il risque de mettre sa vie en danger.
- **À sortir l'enfant de sa toute-puissance.** Sans autorité, pas de frustration ni de manque. Et sans manque, pas de désir. C'est le manque qui amène l'enfant au langage, à la relation à l'autre, à sortir de son égoïsme, à se dépasser et à se motiver.
- **À le sécuriser.** L'interdit donne confiance à l'enfant. Il lui montre que ses parents veillent sur lui. Il lui montre également ce qu'il est capable de faire par lui-même.
- **À se construire psychologiquement.** Les enfants sont souvent angoissés par leur propre pouvoir et expriment parfois un besoin de contrôle en accentuant leurs comportements négatifs. L'autorité les aide à se défendre contre cette angoisse et favorise un meilleur contrôle de soi.
- **À préparer à la vie en société.** L'autorité, avec son lot d'interdits, préfigure les règles de la vie en société. Si l'enfant n'est pas soumis à ces règles en famille, il éprouvera de grandes difficultés à les appliquer en société.

Éviter l'excès de règles

« Mon mari est très exigeant avec nos fils depuis qu'ils sont petits, il ne supporte pas le désordre, ne tolère pas qu'ils bougent à table, attendait d'eux très tôt qu'ils mettent leur linge au sale. Maintenant il a rajouté à cela une exigence extrême sur la propreté de leurs vêtements, même lorsque nous sortons au parc. Mes fils sont très opposants et bien que je passe mon temps à dire à mon mari que trop de limites tue la limite, il n'arrive pas à faire autrement, il est trop imprégné par l'éducation qu'il a reçue de son père, militaire. » Hélène (34 ans)

Différencier l'essentiel du secondaire

Pour permettre à un enfant de comprendre ce qu'on attend de lui, il faut limiter les règles qu'on lui pose et distinguer celles qui sont incontournables de celles qui sont accessoires.

Un enfant à qui l'on pose trop de règles ne distingue pas ce qui est essentiel pour son bien-être et sa sécurité de ce qui est secondaire. Il a du mal à comprendre ce qu'on attend de lui. Il est inhibé, manque de confiance en lui et se sent perdu lorsqu'il est seul ou sans ses parents. Il a du mal à s'imposer et à exister par lui-même face à ses camarades. *A contrario*, par réaction, il peut se montrer opposant et instable et rejeter toute contrainte.

Donner les moyens à l'enfant de s'affirmer

Il est important de distinguer les règles fondamentales, sur lesquelles on ne transige pas, et les règles courantes, sur lesquelles on peut négocier et lâcher du lest (se coucher à 20 h 30 au lieu de 20 heures, ranger sa chambre avant de faire ses devoirs, plutôt que le contraire, etc.). Le laisser discuter certaines règles secondaires peut l'aider à s'affirmer.

Témoigner sa confiance à un enfant, en le laissant libre de faire ses expériences, dans certaines limites, peut lui permettre de se responsabiliser et de mûrir, et donc d'être davantage à l'écoute des conseils qu'on pourra lui prodiguer ensuite.

Mécanismes cérébraux

Votre enfant doit se concentrer, pour fixer les consignes que vous lui donnez, et les respecter ensuite sans que vous ayez à les lui répéter. La concentration est un mécanisme mental, qui met en jeu les grandes fonctions comme le langage, le raisonnement et l'émotion. Plus votre enfant se concentre, plus la trace gardée dans sa mémoire sera profonde. Or, la concentration varie selon son âge, son caractère et le plaisir qu'il prend à effectuer une tâche. Elle atteint 15 minutes chez un enfant de 6 ou 7 ans, 20 minutes de 7 à 10 ans, et 25 minutes, chez les 10-12 ans. Pour qu'il intègre les règles essentielles, il est donc important de ne pas le noyer sous les consignes et recommandations.

Passer de la sanction à la négociation

Au fil des ans, les règles sont acquises et, peu à peu, la sanction peut se remplacer par la négociation, par le pacte, par l'accord parents-enfants. Lorsque le dialogue est préservé, l'amour présent et les cadres posés au fil du temps avec intelligence et de manière adaptée, le jeune adolescent peut être encadré par un système plus intelligent, où chacun trouve son compte, où la liberté s'acquiert par la responsabilité, qui passe par le respect de l'autre et des cadres.

Les méthodes infaillibles

La liste des 10

Listez ensemble, vous les parents, sur un tableau, les dix principales règles non négociables, en tenant compte de son âge et de sa maturité psychologique et physique. Exposez-les à votre enfant, lors d'un conseil de famille. Régulièrement, mettez ce tableau à jour, pour vous adapter à l'âge et aux capacités de votre enfant. Lorsqu'il est tout petit, ces règles doivent être peu nombreuses.

> **Le conseil de famille**
>
> C'est une réunion familiale qui a lieu en présence de tous les membres de la famille. Il peut être réuni à titre exceptionnel ou bien de manière régulière lorsqu'il y a une difficulté à dépasser, un cadre à poser, des besoins à exprimer... Le conseil de famille obéit à des règles strictes de respect de l'autre, quel que soit son âge, comme de la parole de chacun, qui peut être représentée par un bâton de parole (voir p. 181) qui circule.

Le contrat négo

Quand votre enfant grandit (vers 10 ans), listez avec lui, sur un carnet, des règles négociables : choix vestimentaires, choix des jouets, de livres à lire, etc. Plus il grandira, plus il gagnera votre confiance et plus les règles de ce contrat seront nombreuses. Cette marge de liberté l'aidera à gagner en autonomie.

Contourner l'opposition

« Ma fille passe son temps à faire des colères, elle crie, hurle, tape du pied, jusqu'à ce qu'elle ait obtenu ce qu'elle voulait. Le problème, c'est que petite, elle allait jusqu'à se faire vomir et maintenant ses colères sont tellement impressionnantes que même si je sais qu'il ne faut pas céder je ne sais pas comment gérer ces moments difficiles. »

Louisa (42 ans)

Affirmer son identité

L'enfant, pour se construire, passe par des étapes de construction identitaire différentes. Entre 7 et 11 ans la période de latence définie par Freud se caractérise par un fort désir d'apprendre et de comprendre. Dès 18 mois, une phase voit émerger un besoin d'opposition qui peut se prolonger dans le temps, si l'opposition n'est pas gérée de manière adaptée. Dans ce dernier cas, l'enfant capable de se différencier de sa mère cherche à se définir comme une personne singulière. Se soumettre aux ordres et aux règles de ses parents correspond pour lui à nier sa propre existence. Il éprouve donc le besoin de se rebeller pour s'affirmer et rétablir les limites de son identité propre.

S'il est nécessaire de ne pas rester indifférent face à ses mini-crises de nerfs, il est également important d'en comprendre le sens et de les gérer avec souplesse. En somme, il s'agit de pouvoir dire oui à l'émotion – « Te mettre en colère est ton droit... » – et non à la manipulation – « ... mais cela ne me fera pas plier ».

Pour les réfréner, il est donc capital de faire preuve d'habileté – détourner son attention. Un enfant qui oppose un refus ou impose une exigence se focalise autour de son désir et mobilise l'ensemble de ses ressources pour obtenir la satisfaction de ce désir. Si le parent parvient à introduire dans ce processus un autre message, il peut détourner l'attention de l'enfant et ainsi éviter une confrontation conflictuelle. Un peu de présence d'esprit et beaucoup d'humour suffisent à dénouer la tension et à faire obtempérer l'enfant.

Mécanismes cérébraux

Le cerveau utilise une multitude de canaux, psychiques, intellectuels, sensoriels, pour fonctionner. Lorsque l'un des canaux est fortement ou soudainement sollicité, il brouille le message envoyé par les autres.

Gérer les frustrations

Chez certains enfants, la colère devient néanmoins un véritable mode de communication. Il y a des bambins chez lesquels les crises se déclenchent au moindre « non ». Ici, l'enfant souffre souvent d'intolérance aux frustrations. Ses cris, ses trépignements répondent à un besoin d'obtenir tout, tout de suite. Ils seront d'autant plus fréquents et importants que les limites posées par les parents seront floues ou inexistantes.

Face à ce type de « rapport de force », il est indispensable de priver l'enfant de son public : la colère se nourrit toujours des spectateurs alentour. Si l'enfant ne se calme pas davantage, il est fondamental de recourir à la technique du « hors-jeu » : elle consiste à l'isoler dans une pièce sans danger pour lui, pendant un temps précis. Enfin, d'une part lui réexpliquer le sens des interdits, d'autre part la nécessité de savoir garder son calme face aux limites imposées – « Les colères ne t'apporteront jamais rien » – est une attitude qui lui permettra d'intégrer petit à petit le comportement souhaité.

Il est important dans tous les cas de rester patient – et surtout refuser soi-même de céder à la colère, la valeur de l'exemple étant ici primordiale.

Mécanismes cérébraux vers l'âge de 3 ans

Avant 3 ans, les connexions cérébrales de l'enfant s'organisent. Le centre des fonctions exécutives de son cerveau qui permettent de hiérarchiser ses priorités, de contrôler ses impulsions et d'anticiper les conséquences est en construction. D'où les conflits naissants et les besoins d'opposition propres à cet âge. Il a du mal à contrôler son impulsivité. Les colères chez l'enfant de moins de 4 ans sont parfois liées à l'immaturité de la zone limbique de son cerveau, là où se gèrent une grande partie des émotions. Cette zone du cortex humain devient mûre vers la cinquième année. Puis grâce à l'éducation, il va apprendre à gérer son impulsivité et à organiser ses priorités. Si celles-ci ne sont pas claires côté parents, il est difficile qu'elles le deviennent côté enfant.

Les méthodes infaillibles

Fini le show !

Il veut ce superbe jouet exposé dans la vitrine d'un magasin ? Le voilà qui se met soudain à hurler ou à se rouler par terre pour exprimer sa frustration. Son objectif est de vous faire sortir de vos gonds, en public, de sorte à attirer tous les regards sur cette scène spectaculaire et à accroître votre embarras. Il est donc ici important de rester calme et de « couper » l'enfant de son public en l'isolant. Ensuite, il faut lui expliquer que tous ses désirs ne peuvent être immédiatement comblés (toujours sans s'énerver). Enfin, il faut lui rappeler que s'il continue il aura une punition à la maison. Et surtout s'y tenir lorsque l'enfant persiste et ne respecte pas le contrat passé.

Alors raconte !

L'enfant manifeste son refus de monter dans la voiture. Le parent, au lieu d'imposer ou d'argumenter, détourne l'attention en posant une question : « Alors, il était bon ton goûter aujourd'hui ? » Il refuse de mettre ses chaussures ? Le parent questionne : « Combien tu en as, des chaussures ? »

Oh, un éléphant rose !

L'humour est une composante importante dans la relation éducatrice. Le décalage provoqué permet d'éviter la situation d'affrontement. Selon les âges, une énormité drôle, un jeu de mots, une blague produit cet effet. Attention à ne pas confondre humour et moquerie. L'un détourne, l'autre humilie.

Donner l'envie d'obéir

> **« J'ai bien du mal à motiver mes enfants à lire, travailler, aider à la maison, je suis toujours émerveillée de voir dans certaines familles que je côtoie de grands lecteurs, des enfants qui ont une certaine autodiscipline, des parents sereins qui ne semblent pas souffrir pour demander un coup de main. »** Hélène (44 ans)

Un désir de plaire

Un enfant est partagé entre le besoin de plaire à ses parents et celui d'affirmer son autonomie. Si son besoin d'autonomie le pousse parfois à chercher le conflit de manière frontale, à travers son désir de plaire il établit bien souvent un autre type de relation, plus souple, plus agréable, plus simple à gérer. Jouer sur ce dernier point permet de détourner l'opposition directe, pour lui donner envie d'obéir. Le féliciter chaque fois qu'il explique une colère au lieu de hurler, qu'il accomplit une tâche difficile, qu'il aide (qu'on lui ait demandé ou pas), qu'il lit, qu'il fait un effort pour bien présenter ses devoirs... Les félicitations et les valorisations parentales sont, comme nous l'avons vu (voir l'acte 5), de véritables dopants de la motivation.

Une habile présentation

Au lieu d'installer l'enfant devant la télé pendant que vous préparez le repas, autant lui présenter les choses différemment. Quand tu seras douché, que ta chambre sera rangée, que tes devoirs seront bouclés... tu pourras regarder la télé, je te lirai une belle histoire, nous mettrons de la musique pour danser, nous jouerons à un jeu de société. Cette manière de présenter les choses n'est ludique pour l'enfant que s'il n'est pas abreuvé de télévision, s'il aime beaucoup ce qu'on lui propose, et que c'est un temps de plaisir idéalement à partager avec un parent. Alors il ne le vivra pas comme un dû, mais comme un plaisir et accomplira ses tâches volontiers.

Mécanismes cérébraux

Selon certains neurophysiologues, il existe un circuit neuronal de la récompense qui favorise la motivation. Les récompenses et l'envie de recevoir qui les précède libèrent dans le cerveau des enképhalines, hormones de l'attente liées à la dépendance. Lorsque nos enfants atteignent un objectif demandé, ces enképhalines, par réaction chimique, entraînent la sécrétion de dopamines, hormones du plaisir. Ce qui les incite à répéter les efforts.

Évidemment, on ne peut demander à un tout-petit de réaliser plusieurs tâches simultanément, sa notion du temps ne lui permet pas de rester motivé sur le long cours. À lui, on donne de petites tâches et on alterne contrainte accompagnée et plaisir. Puis quand il sera un peu plus grand, un programme plus long pourra être envisagé avant de lui proposer une activité plaisir.

Une prise de plaisir dans l'effort

Si on a appris à l'enfant à aider dès son plus jeune âge, qu'on l'a accompagné dans ses progrès en le félicitant, qu'on l'a aidé à acquérir les compétences scolaires avec patience, qu'on a encouragé ses efforts et rendu ludiques autant que possible les activités quotidiennes, alors l'enfant vivra ces moments avec plaisir. Lorsque l'effort est valorisé dans la famille, par l'exemple, un soutien adapté, des gratifications ponctuelles, l'enfant aura plaisir à se dépasser, à aller au bout de lui-même. Les activités en famille lorsqu'on ne pointe pas les failles mais les efforts de chacun – les jeux de société, activités d'entraide, compétitions sportives... –, sont très constructives et donnent à l'enfant le goût de l'effort.

Les méthodes infaillibles

Boîte à bons points

Plutôt que de récompenser systématiquement un enfant, on peut mettre en place avec lui le jeu des bons points. Si l'enjeu est de s'habiller tous les matins sans traîner, on pose dans la boîte un bon point par jour réussi. Dix bons points donneront lieu à une sortie piscine avec papa, à une balade à vélo en famille, à une demi-heure de plus avant de se coucher... Ce jeu peut être pratiqué à tous les âges. Le bonus final donnant lieu à des récompenses adaptées, il doit s'agir de cadeaux que l'on ne donne pas habituellement (bonbons, chips pour les plus petits, vêtements ou jeux pour les plus grands...). Le principe de la récompense finale différée permet d'installer la bonne habitude et de réguler la réponse de l'enfant à la frustration.

Le verre à billes

Allez acheter dans un magasin de jolies billes choisies avec votre enfant. Expliquez-lui qu'à chaque fois qu'il aura le comportement approprié (par exemple, chaque jour sans bagarre avec son frère), il pourra gagner une bille. Une fois gagnée, il la mettra dans un bocal, un verre ou un vase transparent, histoire qu'il voie ses progrès en couleurs. Chaque fois qu'une bille est gagnée, il mérite, bien sûr, vos félicitations et vous pourrez récompenser ses progrès à la fin de la semaine si tous les jours ont donné lieu à l'obtention d'une bille. Pour le tout-petit, les billes sont distribuées par les parents et le bocal reste en hauteur. Les billes peuvent être remplacées par des autocollants de son héros préféré, à coller sur un verre en plastique.

Le graphique des progrès

Sur une petite feuille, faites un quadrillage correspondant au nombre de jours et demandez à votre enfant s'il a un peu, moyennement, beaucoup ou pas du tout obéi. Chaque soir, faites une croix de couleur au bon endroit avec votre enfant et regardez la courbe en fin de semaine, puis à la fin du mois. Félicitez chaque effort, chaque progrès, tout en rappelant la règle à chaque rechute.

Notes

Conclusion

Que faire si les difficultés persistent ?

Que se cache-t-il derrière une situation qui perdure ? Si vous avez essayé de comprendre ce qui se joue en vous, tenté de remettre le bon dosage d'amour et d'attention et appliqué les outils qui vous semblaient adaptés mais que rien n'a vraiment changé... plusieurs explications sont possibles ainsi que de nouvelles solutions.

Il est important de tenter d'identifier ce qui a pu nous échapper, ce qui se cache derrière certaines de nos résistances ou derrière un comportement récurrent de la part de l'enfant. Cela demande d'aller encore plus loin dans le travail intérieur personnel, comme dans l'analyse comportementale de l'enfant. Les deux étant intimement liés puisque nous agissons les uns en fonction des autres et que, comme nous l'avons vu, la famille est un système.

Quel que soit le comportement familial, qu'il repose sur des non-dits, des réactions viscérales, des fausses croyances, de simples habitudes... il est un mode de fonctionnement appris et répété, comme l'ont découvert les thérapeutes systémiciens. Quel que soit le socle de ces comportements, l'important est de tenter de changer un élément du système pour modifier toute la relation familiale. Il est plus simple de le faire si on parvient à identifier un dysfonctionnement, une interprétation erronée, un ancrage mental...

Le sens caché des maux de l'enfant

Certains parents pensent et disent à l'envi : « Mon enfant est difficile », « Il est différent », « Il est ingérable », « Il fait exprès de m'énerver », « Il est insupportable », « Il ne fait rien seul », « Il passe son temps à monopoliser l'attention »... « Il est épuisant ». Bien que la fatigue et l'usure se comprennent aisément face à une telle situation, il n'en demeure pas moins qu'un enfant ne fait pas quelque chose exprès pour énerver, qu'il n'est pas insupportable parce que c'est dans son tempérament, pas plus qu'il est agaçant par nature ou qu'il monopolise l'attention par simple égocentrisme.

Si les enfants sont naturellement égocentriques, c'est parce que la nature exige que les parents leur apportent les soins qui vont assurer leur survie. Au fil du temps et des interactions parentales, l'enfant commence à se distinguer de l'autre, à fonctionner en fonction de... et son comportement devient alors le résultat d'un système. Simplement, le système perdure parce que les parents ne voient pas le sens caché de certaines attitudes, agissant alors de telle manière qu'ils entretiennent le comportement réprouvé.

Mais que dit le comportement récurrent de l'enfant ?

- Un enfant opposant demande des cadres clairs, rassurants et bienveillants, il ne s'oppose aucunement parce qu'il a une personnalité ingérable. Face à une attitude parentale qui se durcit, il aura tendance à devenir de plus en plus opposant, à se sentir incompris et à intensifier les tensions.
- Un enfant qui demande de l'attention, soit parce qu'il monopolise la parole, soit parce qu'il intervient en permanence aux dépens d'un autre enfant, est un enfant qui a besoin de plus d'amour, de temps, d'écoute. Il a besoin de se sentir reconnu dans son individualité et entendu. Les parents qui ont tendance à faire état de leur agacement, à se montrer parfois excédés, exaspérés et à répéter les mêmes phrases vont entretenir ce mode de fonctionnement à leur insu.

- Un enfant peut également monopoliser l'attention en étant en permanence opposant. Il cumule le besoin de cadre stable et bienveillant et le besoin d'attention. Son comportement n'en fait pas dans le fond un enfant difficile ou ingérable, même si c'est le cas dans la forme, il révèle surtout un enfant en souffrance, un enfant qui a beaucoup de difficultés à se sentir rassuré dans son cadre familial et va donc tout tenter pour l'être, quitte à aller trop loin.
- Un enfant qui ne veut rien faire seul, qui demande qu'on l'habille, qu'on lui prépare ses affaires de classe à un âge où il est en capacité de le faire... n'est pas simplement un enfant paresseux, qui se laisse vivre ou qui manque d'attention. La plupart du temps, pour aider leur enfant, les parents vont agir à sa place, tenter de faire tout ce qu'ils peuvent pour l'accompagner. Ils vont donc faire pour lui, devancer ses demandes... et ainsi installer un problème qui va s'intensifier : un manque de confiance en soi chez l'enfant.

Comment sortir de tels systèmes ?

- L'enfant opposant, comme nous l'avons vu, a besoin de cadres mais pas forcément de cadres autoritaires et imposés par la force, mais de concertation, de négociation quand cela est possible, d'options dirigées lorsqu'il est plus jeune et de beaucoup d'amour et d'attention.
- L'enfant qui monopolise l'attention a besoin de temps en solo avec ses parents, il a besoin que sa valeur et sa place soient reconnues dans la fratrie et par chacun de ses parents. Le système peut dysfonctionner simplement parce qu'un parent ne donne pas à l'enfant la place dont il a besoin ou fait trop de différence entre ses enfants. Instaurer des temps en famille où chacun pourra s'exprimer, faire des compliments à l'autre avant de faire part de ses éventuelles difficultés. Faire en sorte, grâce à un « bâton de parole », que le temps de parole de chacun soit respecté et que le premier tour de table soit positif et valorisant. Un bâton de parole est un objet que l'on choisit, que l'on nomme « bâton de parole » et qui autorise à parler seulement

celui qui le tient. Une fois que celui qui a le bâton de parole a fini, il passe le bâton à une autre personne.

- L'enfant qui monopolise l'attention en s'opposant est un enfant qui a besoin, comme on l'a vu, de plus d'amour, de reconnaissance et de cadre, des deux systèmes précédents combinés.
- L'enfant qui demande toujours de l'aide doit apprendre à prendre les petits échecs comme des apprentissages, à agir seul, en douceur et se voir valorisé pour chacun de ses efforts, chacune de ses tentatives. L'assister et l'aider est le pire service qu'on puisse lui rendre et le plus sûr moyen de l'enfermer dans son manque de confiance.

Les maux inconscients des parents

- Comme l'a si bien expliqué Virginia Satir, thérapeute familiale systémique, les dysfonctionnements dans le couple se répercutent sur l'entité familiale. Il n'est donc pas rare que les tensions que peut vivre une famille ne concernent en rien les enfants, mais les parents eux-mêmes, qui vont alors saisir inconsciemment leurs oppositions éducatives comme défouloirs à leurs frustrations intimes.
- Les blocages individuels sont parfois tellement forts qu'ils échappent complètement à la conscience. Les parents savent ce qu'il faut faire, mais même s'ils sont convaincus de l'attitude à adopter, ils n'y parviennent pas sans pour autant se l'expliquer. Leurs résolutions restent lettre morte, ne sont effectives qu'un temps, sans qu'ils puissent s'expliquer pourquoi.
- Il arrive que des parents prennent un enfant en grippe, même si cette question est taboue, elle n'en demeure pas moins une réalité. Face à un enfant considéré comme difficile, un des systèmes (non exhaustifs) évoqués ci-dessus s'installe, et devient un cercle vicieux. La situation devient tellement difficile que le parent a le sentiment de ne plus pouvoir supporter son enfant ; en réalité, il ne supporte plus le quotidien, se sent confronté à ses limites, a le sentiment de ne pas être à la hauteur.

- L'enfant est alors le miroir de cette difficulté parentale à décrypter les messages silencieux qui viennent de lui, ses appels à l'aide, ses demandes maladroites, ses besoins réels masqués. Il peut également être le reflet des difficultés parentales à se comprendre mutuellement ou individuellement, à voir ce qui se joue en eux ou entre eux. L'enfant devient alors l'enjeu de tensions inconscientes et il est rejeté pour que le parent puisse se protéger, de la réalité, d'un éventuel travail à faire sur soi, d'une vie de couple à réinterroger...

S'offrir un vrai face-à-face !

Face-à-face avec soi, avec le conjoint, avec l'enfant, avec le thérapeute, il arrive un moment où seuls les tête-à-tête font avancer. Les moments en duo avec l'enfant, les temps de discussion constructive avec le conjoint. Si le face-à-face avec l'enfant et avec le conjoint nous laisse dans l'impasse, il ne reste qu'une possibilité : se donner un vrai rendez-vous, s'offrir un échange vrai, profond, se donner les moyens d'agir autrement pour faire bouger le système.

Le face-à-face avec soi-même s'impose également lorsque l'on sent que l'on est confronté à des résistances intérieures. Il va permettre d'y voir plus clair, d'apporter un regard distancié à une situation. Mais comment y voir plus clair lorsque justement on est dans le flou ? Comment percer ce qui se cache en nous à notre insu et nous empêche par moments d'avoir la réaction parentale souhaitée ?

De nombreux parents envoient leur enfant chez le thérapeute, ce qui montre à quel point ils se soucient de son équilibre, sans toutefois réaliser à quel point le changement de leur enfant serait bien plus important si eux-mêmes bougeaient un peu.

Aujourd'hui encore, il est très difficile d'accepter de demander de l'aide, d'avouer que l'on a du mal à s'occuper de ses enfants comme on le souhaiterait, alors il est plus simple de parler d'enfant difficile que d'accepter de se dire que l'on a peut-être juste besoin d'une ou deux consultations pour apprendre à mieux poser les limites et pour comprendre d'où vient cette difficulté.

S'offrir quelques séances chez un thérapeute, c'est se faire un beau cadeau, se donner un temps de réflexion, de pause, accepter qu'un regard extérieur puisse éclairer la situation autrement. C'est également s'offrir la possibilité d'un petit changement de point de vue, de réaction, une prise de conscience qui va permettre de mettre au jour ce qui refusait de l'être. C'est, enfin, avoir le courage de se remettre en question, ce qui est loin d'être simple à faire.

Les parents ont peur de cette démarche, comme si elle révélait une parentalité défaillante. Au contraire, elle met en lumière une parentalité en mouvement, soucieuse de l'équilibre de l'enfant. La crainte est parfois d'un autre ordre, « pas envie de remuer le passé », « peur de se replonger dans des souvenirs douloureux », « appréhension à l'idée de rentrer dans un processus long et coûteux ».

Tout d'abord, je renvoie les parents aux thérapies brèves : thérapie systémique, thérapie familiale ou conjugale systémique, hypnose, EMDR... Il n'est pas utile avec ces techniques qui ont prouvé leur efficacité en quelques séances de s'orienter vers des thérapies plus longues.

Par contre, si certains psychiatres pratiquent ces thérapies, ils sont encore rares, car elles ne sont pas enseignées dans les cursus traditionnels. Les trois ou quatre séances ne seront donc sans doute pas remboursées, mais l'équilibre familial vaut sûrement ce petit sacrifice. Ci-après quelques adresses utiles pour trouver un thérapeute et peut-être un psychiatre qui pratique ces techniques thérapeutiques brèves.

Sachez toutefois qu'il est préférable de passer par le bouche-à-oreille ou par un thérapeute en qui on a confiance plutôt que par un psychiatre simplement pour être remboursé. Ce qui importe, c'est que les quelques séances soient réellement efficaces. Pour cela, vous devez avant tout vous sentir en confiance et être entre les mains de personnes ayant l'habitude de manier ces thérapies.

Bibliographie

Mieux se connaître

Jean Cottraux, *La Répétition des scénarios de vie*, Odile Jacob, 2001

Antonio Damasio, *L'Autre moi-même*, Odile Jacob, 2010

Norman Doidge, *Les Étonnants pouvoirs de transformation du cerveau*, Belfond, 2008

Guy Finley, *Lâcher prise*, Pocket, 2012

Alexandre Jollien, *La Construction de soi*, Points, 2012

Jean-Claude Kaufmann, *Quand « Je » est un autre*, Armand Colin, 2008

Stefan Klein, *Apprendre à être heureux*, Robert Laffont, 2005

S'affirmer dans son identité

Christophe André, *Imparfaits, libres et heureux*, Odile Jacob, 2009

Thomas d'Ansembourg, *Cessez d'être gentil, soyez vrai*, Les Éditions de l'Homme, 2012

Guy Corneau, *Victime des autres, bourreau de soi-même*, J'ai lu, 2004

Frédéric Fanget, *Affirmez-vous*, Odile Jacob, 2011

Alexandre Jollien, *Éloge de la faiblesse*, Marabout, 2011

Frédéric Lenoir, *Petit traité de vie intérieure*, Pocket, 2012

Trouver des solutions

Thomas d'Ansembourg, *Être heureux n'est pas nécessairement confortable*, Pocket, 2008

Richard Bandler, *Un cerveau pour changer*, Pocket, 2008

Albert Ellis, *Dominez votre anxiété avant qu'elle ne vous domine*, Les Éditions de l'Homme, 2012

Richard Fisch, *Tactiques du changement*, Le Seuil, 1986

Giorgio Nardone, *Chevaucher son tigre*, Le Seuil, 2008

Paul Watzlawick, *Changements*, Le Seuil, 1981

Jeffrey E. Young, *Je réinvente ma vie*, Les Éditions de l'Homme, 2003

Découvrir et choisir une thérapie

Gregory Bateson, *Vers une écologie de l'esprit*, Le Seuil, 1995

Éric Berne, *Analyse transactionnelle et psychothérapie*, Payot, 2001

Jean Cottraux, *Les Thérapies comportementales et cognitives*, Masson, 2004

Carl Rogers, *Le Développement de la personne*, Dunod, 2005

Vanessa Saab, *Un psy, pour quoi faire ?*, Librio, 2005

Vanessa Saab, *Choisir le bon psy*, Jouvence, 2011

Virginia Satir, *Thérapie du couple et de la famille*, Desclée de Brouwer, 2006

Table des matières